仕事の哲学

働く人が自ら考え、行動する会社とは

キヤノン電子社長
酒巻 久
Hisashi Sakamaki

PHP

まえがき

いま日本企業では、新型コロナウイルスの影響を受け、働き方に関する模索が始まっています。そこでは在宅勤務など、新たなスタイルをどう定着させるかといった、ノウハウの提案はされています。しかし、「従来のやり方が難しくなったことを機に、働き方や仕事との向き合い方を根本から考えよう」という動きは、あまり見られません。

一方でコロナ禍の少し前から、「働き方改革」が提案されていました。しかしそこでは労働時間の是正が主眼に置かれており、「人は何のために働くのか」という、仕事に対する基本的なアプローチが、十分にはなされていませんでした。

はたしてそれでよいのか……。「仕事の哲学」をきちんと認識せず、小手先だけの働き方改革では、日本のビジネスパーソンや企業は、不幸になってしまうのではないか……。そんな問題意識を持ち、私は本書を著すことにしました。

まず、一、二章では、日本人の働き方について問題提起をしました。働き方改革で言われていた「労働時間の是正」を実現できさえすれば、働く人々はやりがいと使命感を抱き、仕事をやり遂げ、幸福になれるのか……。これに対し、私なりの意見を述べさせていただきました。

そして三章以降では「実践・解決編」として、日本のビジネスパーソンや企業が幸福になる働き方・仕事の哲学について考えをまとめました。

仕事で得られる喜びの一つに、新しい製品やサービスを生み出し、それを市場に受け入れてもらうことがあります。心血を注いで生み出した製品やサービスによって、人々の暮らしがより豊かで幸福なものになる。こうした体験はビジネスパーソンとしての幸福にもつながります。

そして、そのような仕事ができる職場では、社員たちはイキイキと働き、働くこと自体が喜びになります。世に受け入れられる商品を生み出すために、いかにコストを削減するか、いかに従来にはない製品やサービスを作るかに、知恵を絞るようにもなります。

自ら考え、行動する社員の多い職場では、会社の利益も自然に増えていきます。社員自身、会社の利益や成長を意識して行動するようになります。これは企業が幸せになることにもつながる……。このようなことを述べております。

本書では、働く人、皆がそのように仕事に向き合い、行動できるようになるためのヒントを提示しています。同時に、私がマネジメントを担う立場で行ってきた、さまざまな「働き方改革」への取り組み、職場環境の改善、人材育成などを紹介しています。

現場で働く皆さんには、働くことの意味、仕事との向き合い方をあらためて考えるきっかけとなり、マネジメント層の読者には、社員の働きがいを創るうえでの一助となれば幸いです。

二〇二〇年七月

酒巻　久

仕事の哲学　目次

問題提起編　日本人の働き方への疑問

1章　「働くな改革」を生み出す日本人の勘違い

2章 「日本人は働きすぎ」ではない

実践・解決編

「やり甲斐を感じ、生産性が高い仕事」を創る

3章 寝食を忘れ、集中して働く効用

4章 休みをきちんと取り、意義ある時間にする

5章 社員が頑張り、会社を信頼する職場

6章 付加価値の高い製品、サービスを生む

7章 社員の人間力、能力を磨く教育

装丁：印牧真和

問題提起編

日本人の働き方への疑問

1章

「働くな改革」を生み出す日本人の勘違い

「日本の生産性は低い」は本当か

二〇一八年六月に働き方関連法案が可決され、二〇一九年四月から順次施行されています。その趣旨は生産性を高める一方、働く人たちの暮らしを守り、豊かにするというものです。長時間労働の上限規制や有給休暇の消化など、「働きすぎ」と言われる日本人の働き方を見直す内容が盛り込まれています。その先には「一億総活躍社会」があるとも言われています。

働き方改革に関して私は、「働く人たちの暮らしを守り、豊かにする」という趣旨に大賛成です。その一方で、改革が求められる理由の一つに、「日本の生産性の低さ」があると言われていますが、その点には疑問を抱いています。

われわれ製造業の世界では、過去にさまざまな改革を推し進め、生産性の向上に努めてきました。とはいえ、どれだけ頑張ろうと、例えば金融業に比べれば、生産性はどうしても低くなります。

多くの労働力や原料、エネルギーなどを投じて製品を作る製造業に対し、金融業では帳簿上の数字を動かすことでビジネスが成立します。昨今は現物のお金の移動さえ必要ないケースも増え、生産性を高めやすいのです。

ただし金融業に関わる人数は少なく、国全体の生産性向上には寄与しにくくもあります。「生産性」という言葉一つとっても、見方しだいで大きく変わるわけです。

では製造業だけで見ればどうかというと、他国と比べて日本はけっして低いとは思いません。例えば一人当たり労働生産性で、日本よりランキングが上位にあるドイツと比べてみましょう。私はキヤノン時代にドイツの工場へ責任者として頻繁に出張に行っていました。当時もドイツは生産性が高く、「ドイツ人は真面目でよく働く」と言われていました。ただ実際に彼らの働きぶりを見て、文字どおりに受け取れないということも感じました。

ドイツには有給休暇のほかに「病気休暇」と呼ばれるものがあります。風邪など病気にかかれば、有給休暇を使わず病気休暇を申請して休める制度です。ちょっとした頭痛でも、医師に書いてもらった診断書を提出すれば、会社は拒否できません。

私がドイツで働いていた時代、病気休暇で休んでいる人は全体の三〇パーセントはいました。三〇パーセントも休めば、工場の生産ラインはストップします。彼らの穴埋めをするため、工場では必要な人数より二〇〜三〇パーセント分、多く人を雇っておく必要がありました。

休む人の中には、どこまで病気が重いのか不確かな人もいましたが、そうした人たちの分も含めて会社は雇っておく必要があるのです。労働者の権利とはいえ、日本の社員のほうがずっと真面目で、頼りになりました。

日本の繁栄を築いたのは、じつは戦前の人たち

一方で、日本人は本当に「働きすぎ」なのかという疑問も抱きます。日本人には「これまで一生懸命働いたことで繁栄を築いてきた」と思っている人は多いですが、一九五〇年代半ばから始まる高度経済成長を経て、八〇年代後半に「ジャパン・アズ・ナンバーワン」と言われるまでの繁栄を築いたのは、いま現役のビジネスパーソンというより、すでに亡くなった方々、あるいは主に八〇代〜九〇代の方々の力によるものです。

彼らが二四時間休みなく働き、つねに新しいものを作りだし、あるいは古いものに新しい技術やアイデアを取り入れ、よりよいものを作っていきました。そのような努力が、豊

かな日本を築いたのです。

いまの日本は、言わばかつてのソ連と同じです。ソ連が唱えた社会主義は、その後社会主義国が軒並み崩壊したように、基本的に経済発展しにくい構造です。それでもアメリカと並ぶ二大大国になれたのは、ロシア帝国時代に築いた遺産があったからです。エカテリーナ二世はオスマン帝国やポーランドなど周辺国に進攻し、広い領土を獲得しました。

エカテリーナ二世の遺産で大国になれたのを、「ソ連が強いのは自分たちが優れているから」「社会主義が正しいから」と錯覚しました。やがてロシア帝国時代の遺産を食い潰し、自壊したのです。

いまの日本も同じで、日本が豊かなのは、先に述べた世代の日本人ビジネスパーソンが海外まで出向いて働き、資本を蓄えたからです。日本の政府や企業、個人が海外に持っている資産は一〇〇〇兆円以上あります。これらの多くは、いまの日本人ではなく、五〇年前に現役だった日本人が、死に物狂いで働いて獲得したものです。

家族を犠牲にして、アフリカやアジア、南米の奥地にまで行って物を売り込んだ。敗戦から立ち直ろうと懸命に働き、日本の国力を培っていった。そのような先輩世代の凄さとありがたさを忘れ、いまの豊かさは自分たちが一生懸命働いて得たものだ、と思っていると、少し危ない気がします。

大正・昭和の繁栄は明治の教育のせいではない

じつを言えば、大正から戦前にかけての繁栄にも似たことが言えます。私は以前、幕末の開国を経て明治、大正、昭和と日本が発展したのは、明治政府の教育がよかったためだと思っていました。ところが実際は、必ずしもそうではなかったのです。

ある講演会で、この話をしたときのことです。さまざまな事例を挙げ、「明治の教育が優れていたから、日本人は自由な発想のもとで発展できた」と話したところ、講演終了後、私より少し年輩の方から「あなたは門外漢のようだから黙っていたけれど、いまの話は間違いではないけれど、正しくもありません」と指摘されました。

明治維新が成功したのは、江戸時代の寺子屋と藩校の教育の成果でした。この二つが独創的な発想を求めたから、明治維新で西洋文明に触れたときもそれを受け止め、自分たちに適合するよう改良できたのです。

寺子屋と藩校によって日本人の識字率が世界的に高い水準にあったことは、よく知られています。国民皆兵で集められた日本の軍人たちがほぼ全員、文字を読めることに驚いたと、彼らを指導したイギリス人の記録もあります。

その寺子屋や藩校が、もう一つ力を入れていたのが独創性です。江戸時代の各藩は、自らの存亡をかけて、織物をはじめ地元の名産品の開発を奨励しました。独創性を喚起する教育があり、それが明治維新後の文明開化につながっていくのです。

逆に明治政府は独創性を育てる教育をあまり行わず、画一性を重視し、人々を枠にはめたがりました。それが、杓子定規に物事を考えて失敗した、第二次世界大戦の敗戦につながるのです。

そして敗戦後しばらくは、日本人は枠に収まることをあまり意識せず、必死にがむしゃらに働きましたが、高度経済成長を遂げ、「ジャパン・アズ・ナンバーワン」と言われることで油断し、それまでのような働き方をしなくなりました。

現場にも東大卒の人たちがいた時代

戦後、必死にがむしゃらに働いていた人の中には、アメリカに戦争で負け、日本を建て直すために帰ってきた帰還兵がいました。なかでも士官クラスの人たちは、現代のエリートと比べても、かなり優秀でした。

先日お会いした九四歳の方は、広島県江田島の海軍兵学校の出身でした。海軍兵学校の入学試験倍率は二〇倍を超えていたこともあり、試験は一発勝負です。とにかく合格することが大変で、当時の東京帝大や京都帝大は滑り止め扱いだったそうです。

そのような学校出身の人たちが帰国して必死になって働き、日本の会社を牽引していたのです。戦前から戦中にかけて海軍兵学校をはじめ、士官学校の出身者たちは「日本を守る」「国を強くする」という目的のため必死で勉強し、戦いました。それが敗戦によって目的を失い、今度は日本の復興のために死ぬ気で働いた。だから日本は繁栄したのです。

さらに、勉強ができる人が現場に大勢いたのも、かつての日本企業の特徴です。たとえば私がキヤノンに入社した頃、現場には東大の卒業生がたくさんいました。

戦後の日本が初めて作った一〇万トンのタンカーは、その技術力にアメリカが舌を巻くほど優れたものでした。これも戦前の優秀な人たちの技術力がベースにあったから、できたものです。

このタンカーを作った技術は、戦艦大和の建造技術を踏襲しています。輪切り状態にして作った部品を溶接でつなげるのが特徴で、これにより大和のような大型艦船が作れるようになりました。ただし建造には高度な溶接技術が不可欠で、アメリカでやろうとしてもうまく行かず、日本に発注して建造することになったのです。

建造期間はわずか七カ月。これはアメリカなら部品発注が終わるぐらいの段階です。以後アメリカの大型タンカーは、日本に発注するようになります。それぐらい当時の建造技術は図抜けていて、優秀な技術者もたくさんいたのです。

私は以前、アメリカのＩＢＭと一緒に仕事をしたことがありますが、ＩＢＭには「ＮＯ　ＴＨＩＮＫ　ＧＲＯＵＰ」と呼ばれる人たちがいました。現場で働く人たちを指し、彼らは「頭を使ってはいけない」「言われたことしか、やってはいけない」とされていました。

一方、日本では現場で工夫して付加価値を高めることを求めます。そこに設計者と同じか、それ以上の能力を持つ人たちがいたのです。彼らが設計の不備を指摘すれば、設計者は言い返せません。設計者も現場の人も対等に議論したから、よい製品が作られ、付加価値もどんどん上がっていったのです。

こうした現場は、いまは日本よりも台湾や中国で多く見られます。私がキヤノンで生産本部の仕事をしていたとき、取引先のオーナーと台湾と中国の工場に視察に行ったことがあります。

当時、台湾や中国の工場が日本に追いつくことは、絶対ありえないと言われていました。しかし私は「おそらく五年もすれば、日本は負けるでしょう」とオーナーに伝えました。

オーナーはにわかには信じませんでした。しかし私には確信がありました。設計者に現場の人たちの出身大学を尋ねると、台湾は台湾大学、中国は上海交通大学でした。いずれも日本で言えば、東京大学か東京工業大学クラスです。そうした大学の出身者たちが現場で働いていて、まさに私がキヤノンに入った頃の日本の製造業と同じだったのです。

いま日本の製造業の現場に、偏差値の高い大学の出身者を配属すれば、多くの人は辞めてしまうでしょう。これは優秀な人たちが、現場に価値を見いだせる仕組みを作れなかったからでもあります。

話は戻りますが、私の「予言」はどうなったか。三年後、同じ台湾や中国の工場を訪ねると、すでに日本の技術力は抜かれていました。残念ながら「予言」は、予想よりも早く当たってしまったのです。

挑戦の気風が薄れはじめている

また昨今の日本企業をみると、一部には挑戦の気風が薄れている会社があるのが気になります。いまから二〇、三〇年前には、ビジネスで稼いだお金を開発投資に回し、新製品を作ったり、新たなサービスを提供する会社が多くみられました。新製品や新サービスを世の中に提供することを重視し、お金はつねに循環していました。

それが現在、一部の企業では、開発投資よりも内部留保にお金が向けられるようになっています。もちろん内部留保は重要なことですが、新製品の開発など新しい挑戦にお金を投資するから会社も発展し、人材も育っていくと、私は考えています。

キヤノンがまだカメラの製造を事業のメインにしていた時代、複写機の開発に取り組んだのは新しい時代を見据えたからです。

カメラの製造に頼っていると、得られる売上はカメラの販売台数分だけです。これがフィルムメーカーなら、カメラが売れれば売れるほど、フィルムの販売で得られる売上は加速度的に増えていきます。たとえばカメラ一台につき、数十本から数百本のフィルムの販売代金が得られるのです。

そこでキヤノンもフィルム業界に参入できればよかったのですが、すでにフィルム業界はメーカーが乱立し、飽和状態でした。そこで同様の収益構造を持つ製品がないかと考えて出てきたのが複写機です。複写機はフィルムとビジネスモデルが同じで、複写機を売った後、トナーや用紙などの消耗品で、長く頻繁に売上を稼ぐことができるのです。

提案者は当時、取締役開発本部長だった鈴川溥さんで、鈴川さんはかつての日本海軍の技術大佐だった方です。非常に鋭い感性と先見性を持ち、「カメラを作ることに頼っていたら、キヤノンは潰れる」と危機感を抱いていました。

複写機事業の可否は最終的に、創業者でオーナーの御手洗毅社長が出席する会議で決まることになりました。私は平社員ながら鈴川さんの指示で会議に参加させていただき、一部始終を見ることができました。

会議ではまず鈴川さんが複写機事業の必要性を説き、さらに当時の経理部長で、のちにキヤノンの三代目社長となる賀来龍三郎さんが経理的な側面の説明をしました。話がひととおり終わると、御手洗社長は次のように言われました。

「鈴川君の言った話が絶対に上手くいくかどうか、私には判断がつかないけれど、鈴川君が本当にやりたいならやればいい。お金は賀来君が集めてくれ。私も集める」。そして実際に二〇〇〇億円、いまの価値に置き換えると一兆円近くに当たるほどの資金が集まりました。ちなみに、当時のキヤノンの売上高は年間七〇〇億円程度でした。

「複写機を作るなら新たな設備投資が必要だろう。この資金をどんどん使いなさい。潰れるときは、どっちみち一緒だから」とも言われ、見ていた私は「これが社長の決断なのか」と感じ入りました。

その後も資金の使い道で「ムダ使いするな」と言われたことは一度もありませんでした。むしろたびたび「資金は足りているか」と気遣っていただきました。

賀来さんは賀来さんで、二〇〇〇億円のお金を集めるために奔走してくださいました。「私は経理屋で、技術やその将来性はわからない。皆さん技術陣がこれをやらないとキヤノンに未来がないというなら、必要なお金を集めて皆さんの開発に困らないようにします」と言い、外貨建ての転換社債を発行するなどして、資金調達をバックアップしてくださったのです。

鈴川さんが唱える挑戦を御手洗社長や賀来さんが理解し、当時のキヤノンには過ぎるほどの資金を集め、自由に活動できた。このことがあったから、複写機事業が起こり、軌道に乗り、今日のキヤノンにつながっているのです。

失敗からも得られるものがある

新製品の開発など新しい挑戦に資金を投じることは、人材育成にもつながります。新しい製品やサービスを生み出すには、つねに困難が伴いますが、困難を経験して人は伸びていくものです。挑戦がたとえ失敗に終わっても、挑戦した結果としての失敗なら、必ずそこから何かを得られます。

四代目社長を務めた山路敬三さんも、「失敗を恐れるな、挑戦しろ」と社員に言い続け、失敗しても咎めることはありませんでした。

私は入社して間もなく、家庭用VTRの開発チームに配属され、放送局などで使われていた業務用VTRを家庭用VTRに転換するための基礎研究を担当しました。会社としての技術的蓄積が足らなかったため、最終的には開発から撤退しましたが、それでも、このとき培われた多くの技術や経験は、のちに生きました。アナログ式の磁気記録スチルビデオカメラやデジタルカメラの事業化・商品化につながったのです。

また、日本の電機メーカーが通信技術に積極的に挑戦しようとしていた時代、三〇代の私も新規事業に取り組む立場で、デジタル回線に携わる仕事をしました。ある国の軍が引いたデジタル回線を利用するもので、いまのインターネットの原形にあたります。

スウェーデンやイギリス、日本のＫＤＤ（国際電信電話株式会社）にも協力を仰ぎ進めたプロジェクトで、間違いなく当時の最先端の技術を使ったものでした。最初はカナダに納める予定で、商用化すれば一〇兆円ぐらいの価値がありました。

いよいよ実用化というところで、最終的に中止になりましたが、世界の最先端に触れ、寝食忘れて進めたプロジェクトにはとても意味がありました。

その後、私はパソコン事業で三〇〇億円の赤字を出したこともありますが、キヤノンの経営者たちは、以後も私にさまざまな挑戦の機会を与えてくださいました。実際パソコン事業で培ったソフトウェアの技術は、その後の、コピーとスキャナー、プリンター、ＦＡＸの機能を一体化させた複合機の開発などに大きく貢献しました。

また、これは私が入社する前のことですが、キヤノンは紙の表に文字を印刷し、裏に磁気録音膜をつけて同時に読み聞きできるシンクロリーダーの開発を手掛け、失敗したこともあります。このときは生産工場用に一〇万坪の土地を購入していましたが、事業化を断念したことで土地はムダになりました。ところがのちに複合機の時代が到来したとき、この土地のおかげですぐに生産拠点を作ることができました。

挑戦とは失敗も含めてのことであり、挑戦を続けてこそ人は成長します。逆に挑戦を怠り、進化の歩みを止めると、もとに戻すのは容易ではないと、私は考えています。

長期的視点の重要さ

また、私が若かった時分のリーダーは、いまよりもずっと長期的視点を持っていたように思います。長期的視点で商品開発や経営戦略を練り込み、実行していくことの大切さを、私はキヤノンで複写機の開発に携わったときに学びました。

当時はアメリカのゼロックスの複写機全盛の時代で、新たに複写機事業を始めようとしたキヤノンは、ゼロックスとは違う新しいタイプの複写機を目指しました。詳しくは後述しますが、最終的にゼロックスよりもはるかに使いやすく、それでいて価格が一〇分の一という画期的な複写機の開発が見えてきました。

さっそく上司に報告したところ、返ってきたのは「この商品は何年後に、どのような商品が出てきたとき、不要になりますか」という質問でした。さらに「一、二年遅れてもいいので、それをきちんと調べなさい」と言われました。

それを受け、いまの「ｉＰａｄ」のような製品をイメージして、「このような商品が登場し、社会全体がコピーレスになれば不要になります」と報告しました。「それは何年後にできますか」と聞かれ、「三〇年後ぐらいでしょうか」と答えると、今度は「ぐらいではなく、三〇年の根拠をきちんと示しなさい」と返されました。

そこで根拠を述べた報告書を見せると、ようやく発売許可が出ました。それぐらいかつてのリーダーは、一つの商品を出すにあたり、その商品の終わりまでを見据えて開発や販売を行っていたのです。

また複写機事業を提言した鈴川さんにしても、複写機は鈴川さんの構想の一部に過ぎませんでした。のちに副会長まで務める鈴川さんは、一九七〇年代半ばに、二〇〇〇年までの長期経営計画を策定していました。

技術の進歩や社会の変化を予測し、「映像のキヤノン」→「情報のキヤノン」→「エコロジーのキヤノン」→「マルチメディアのキヤノン」という未来像を描いていました。そして現実の日本は、その予測とほぼ同様に進み、キヤノンも鈴川さんの長期計画どおりに成長することになったのです。

出る杭は「抜かれる」時代の難しさ

会社は一〇年に一度、本当に優秀な人が出れば永遠に存続します。たとえば現在のキヤノンを作ったのは、三人の技術者です。

まず基礎を作ったのが、先に述べた複写機開発を提言した鈴川さんで、次に続いたのがズームレンズの設計理論「山路理論」でも知られる山路敬三さん、そして複写機開発で主任研究員を務め、後に副会長となった田中宏さんです。この三人が、今日まで続くキヤノンの方針を作り、現代に至っています。

別会社でいうと、アップルにしても本当に優秀だったのは、最初のマッキントッシュパソコンを開発したスティーブ・ジョブズ氏とバド・トリブル氏です。二人が会社から追放されると、アップルの経営はいっきに傾きました。その後ジョブズ氏、トリブル氏がともに復帰すると、アップルはiPad、iPhoneなどで大躍進を果たします。

一方でアメリカの雑誌によると、GEをはじめ大手企業で何かを成し遂げた人は、その後、社長になっていないという調査結果があるそうです。

何かを成し遂げた人とは、いわば改革者です。いままでにない技術や商品、サービスを生み出した人物は、ほとんどの場合、従来型の安定を望む人と衝突します。そして従来型の人は、彼らの敵になる傾向があります。

私は、社長とは一種の人気投票で決まると感じています。多くの社員に支持された人がトップになり、この場合、改革者はたいてい負けます。日本の大手企業も大半はそうで、その数はアメリカより多いでしょう。自ら会社を立ち上げない限り、改革者でない人ほど社長になりやすいのが、日本なのです。

しかもいまの日本は「出る杭は抜かれる」時代ではないかと思います。昔から言われる「出る杭は打たれる」なら、また歯を食いしばって「出れ」ば生き残れる可能性もありますが、抜かれて捨てられたのでは二度とチャンスは巡ってこないのです。

このような「敗者復活戦」がとても難しい時代にあって、いかに人材を見つけ、伸ばしていくか。本当は日本企業でも、このことを真剣に考えていく必要があるように思います。

2章

「日本人は働きすぎ」ではない

労働時間の問題には注意が必要

働き方改革の取り組みの一つに、長時間労働の是正があります。過労死やうつ病などを招きかねない長時間の残業や休日出勤を減らすというものです。これは大変意義のあることだと思います。世の中には「ブラック企業」と呼ばれるような社会性に乏しい会社が、ある程度の数、存在しているようですから。

しかしながら、労働時間の問題には、少し注意が必要です。長時間残業や休日出勤を罪悪視しすぎると、逆に何らかの理由をつけて、「できるだけ働きたくない」と考える人が増えてしまう気がします。

にもかかわらず、世の中の多くの会社の人事担当者は、社会的風潮を受けて、すぐに社員を休ませる制度を作ろうとします。彼らも仕事だから仕方ないとはいえ、これでは「全力で働こう」という意欲がどんどん薄れて、楽することを考える社員ばかりを増やしてしまいます。

また、「パワハラ」という言葉も、本来の使い方から逸脱し、働かなくていいムードを助長していないでしょうか。先日ある幹部社員の提出したレポートが少し稚拙だったので、「バカか？　お前は！」と記し、赤鉛筆で細かく具体的に問題点を指摘して戻したところ、「これはパワハラになりますね」と、たまたまそのレポートを見た別の幹部に言われました。きちんとした信頼関係が存在する間柄において、「バカか」と一言、思いを込めたメッセージを記すことも許されないなら、部下の指導を十分にはできなくなってしまいます。

怒るべきときは厳しく怒り、アドバイスが必要なら、きちんと細かくアドバイスする。そうして人は育ちます。怒るにも労力が必要で、見込みのある部下だからこそ、力を込めようとするのです。そのような上司の思いを、少しは慮ってもらえると嬉しいです。

「欧米人は働かない」という誤解

話は、日本人の労働時間のことに戻ります。「日本人は欧米人に比べて、時間的にかなり多く働いている」と考えている人が多くいます。しかしこれは大いなる誤解だと、私は思います。

確かに長期休暇が取りにくい日本と違い、欧米の人たちはバカンスで二〜三週間の休みを取るのが一般的とされます。しかし長期休暇はたっぷり取っても、ふだんはいまの日本人より、よほど働いています。

海外の様子を紹介するテレビや雑誌などでは、よくヨーロッパの人たちが昼食にたっぷり時間をかけ、昼食後に昼寝をしたりする姿を紹介します。「欧米人は遊んでばかりいる」と思いたくなりますが、これが欧米人のすべてではありません。

あるアメリカ人経営者に聞いた話ですが、彼の友人の経営者は半分冗談で、出張から家に帰るときはいつも、「女房がいるか心配なんだ」と言っているそうです。あるとき家に帰ると、彼の荷物が全部外に出されていたことがあったそうで、それぐらいみんな家に帰らないという、少し極端なエピソードです。

ただこれはトップに限った話ではなく、中間管理職以上には、そういう人が多くいるようです。私も事業部長時代は世界を飛び回ってばかりで、家に帰る暇はあまりありませんでした。それぐらい働かないと、下手をすると、ポストから外されてしまうのです。

ドイツの電機メーカー・シーメンス社と仕事をしたときも、同社の人々は本当によく働きました。電話交換機がアナログからデジタルに変わる時代で、小型交換機の開発をキヤノンが請け負いましたが、このとき、シーメンスのエリート社員たちと苦楽をともにしました。

彼らは最初のうちはさほど働きませんでしたが、いざテーマと日程が決まると、ものすごい勢いで働きだしました。日本の市場調査を一緒に行い、設計にも付き合ってくれ、家に帰らず、土日も出社して働いていました。

そして彼らは、強い愛社精神も持っています。たとえばシーメンスには、祖父、父親、子供と、親子三代で勤めている人が大勢います。そしてそれを自慢しています。能力のある人ほど、一生懸命勉強してシーメンスを目指します。それぐらい彼らにとってシーメンスはよい会社で、だからこそ一生懸命働こうともなるのです。

「欧米では転職が当たり前」の誤解

欧米人の働き方でもう一つ日本人が誤解しているのが、「欧米人は頻繁に転職する」というものです。転職を重ねながらキャリアアップして、より報酬の高い仕事を目指すと思われがちですが、実際は優秀な人ほど転職しません。シーメンスの社員で示したように、優秀な人ほど強い愛社精神を持ち、長くその職場で働くことを誇りに思っています。

転職を繰り返すのは本当に優秀な人ではなく、二番手や三番手の人たちです。とくに多いのが三番手で、彼らの多くは、他社からスカウトされて転職します。スカウトする側はトップのレベルを見て、「この人の三番手なら、それなりに使えるだろう」などと推し量ります。三番手の人もトップを基準に、「自分のレベルは彼よりやや下ぐらい」と思っています。

現実には二番手はまだしも、三番手となるとトップとの差はかなり開きます。いざ働きだすと、会社から「使えない」と判断されて見切られるケースが少なからず生じます。

アメリカは契約社会なので、採用にあたっては、業務内容を詳細に記した契約書を作ります。その分量は何ページにも及びます。すべての内容をお互い確認し、承諾したらサインを交わしますが、契約書どおりの仕事ができなければ退職金ももらえず、クビになってしまいます。

こういう人が新たな転職先を求めても、応募の段階で前の会社に連絡が行きます。そこで「彼は使えない」と言われると、二度と採用はされません。こうして、気の毒にも転職でキャリアダウンしていくケースがかなり見られるのです。

一方でトップクラス、幹部候補生は、アメリカでもヨーロッパでもほとんど動きません。なかでもアメリカ有数のＩＴ企業・ＩＢＭは、経営幹部が生え抜き中心で構成されていることで有名です。

日本と欧米の採用システムの違い

また、あまり知られていませんが、アメリカで転職するときに欠かせないのが紹介状です。その人の経歴や業績を記し、仕事の能力を保障するもので、これがなければ再就職はかなり難しいと言われています。

紹介状の内容が事実と異なれば、書いた側も信用を失うので、適当なことは書けません。そして紹介状を書いた人は、自分の信用を失わないために、その人の転職先での仕事を全面的にバックアップします。紹介状の提出を求めるのは、採用する側のそうした思惑もあります。

これはトップや幹部クラスだけでなく、中間管理職の場合も同じです。転職で成功するには、ふだんからよい人脈を築くことも重要で、それがなければ転職はまず成功しません。

紹介状による転職は、雇う側・雇われる側ともにメリットがありますが、日本にこうした習慣はありません。そこで、日本でも転職しやすい環境を整えようということで、弁護士の髙井伸夫氏が提唱しているのが「キャリア権」の法制化です。

キャリア権は法政大学名誉教授の諏訪康雄氏が提唱した考え方で、人びとが意欲や能力、適性に応じて希望する仕事を選択し、職業生活を通じて幸福を追求する権利のことを指します。この人はどのような会社で働き、どのような仕事をしてきたか、どのような仕事なら完璧にできるかなどを、紹介状の代わりに国家が保証するのです。

雇用の流動化も、働き方改革の目指す方向の一つですが、これに対して、キャリア権の法制化は、一つの面白い考え方でしょう。ただしこれを成功させるには、採用側の問題も考える必要があります。

欧米と日本の採用システムで決定的に違うのは、人事権を持つ人です。アメリカでは実際に現場を統括する部長やマネージャーが、自らの事業にどのような人材が何人必要かを決めたうえで、自分で募集をかけます。そして信用ある人からの紹介状を持った候補者から優先的に面接し、さらに紹介状を書いた人に連絡して、自分の求める人材か否かを確認します。そのうえで合否を決めていきます。

つまり採用側は、募集の時点で欲しい人材の明確なイメージを持っています。そして採用した人の能力が求める水準に達していなければ、すぐクビにします。八カ月後に終わらせてほしい仕事を八カ月で終えられなければ、その時点でクビです。クビにならないためには、がむしゃらに働いて期限を守るしかありません。

一方、多くの日本企業で採用を決めるのは人事部です。とりあえず優秀そうな人を採り、それから配属先を決めます。配属先がその人に適しているかどうかは未知数で、向いていなければ本人はもとより、上司の負担も大変なものになります。

このあたりも考慮しなければ、雇用の流動化で企業の生産性を高めるのは難しいと言えるのです。

テレワークで生産性が上がる人、上がらない人

働き方改革にともない推奨されていることの一つに、テレワークがあります。このテレワークについて、場所や時間に縛られない仕事のやり方は、社員のため、会社のためにな

る側面があり、試行錯誤しながら進めていくことは、必要だと考えています。

しかしながら、ワークライフバランスの視点が注目されすぎるがゆえに、生産性に関する議論が少し弱い点が気になります。

柔軟で多様な働き方という点では、たしかにテレワークは望ましいことです。一方で、企業は生産性を高め、利益を上げなければなりません。テレワークを導入しても生産性が上がらないのであれば、一時的に流行ったとしても続けるのが難しく、残念な結果に終わってしまうかもしれないのです。

アメリカでは一九七〇年代に、マイカー通勤による大気汚染を減らそうと、テレワークが流行ったことがあります。ところが経営者が思うほど成果が上がらず、やがて経営者もやる気を失い、自然消滅したのです。

テレワークをきちんと普及、定着させるには、生産性に目を向けた議論をきちんと行うことが必要です。

キヤノン電子でも以前から、試験的にテレワークを導入していますが、なかなか万事良好とはなりません。たとえば設計部門にいた社員が、親の介護のため田舎に帰ることになったときのことです。必要な機器やデータを渡し、介護しながらのテレワークを始めたものの、思ったほど成果が出ませんでした。

このときわかったのはテレワークで生産性の高い仕事をするには、その業務について一〇〇パーセント近い知識が必要だということです。オフィスで働く場合は、疑問に思ったり判断に迷ったとき、近くにいる人にすぐ相談できます。「ここはこうしたほうがいい」「そのやり方で大丈夫」などと答えてもらうことで、自信を持って、次の段階の仕事に進めます。

これがテレワークだと、なかなかそうはなりません。もちろん電話をして聞くこともできますが、相手の状態や様子がわからなければ、電話はかけづらいものです。近くにリアルにいるから「いまなら時間がありそうだ」と気軽に聞けます。相手が海外にいればなおさらで、時差の問題も出てきます。

いますぐ知りたいのに、なかなか電話をしにくい。そうしたことが一日に何度もあれば、生産性は当然落ちてしまいます。

またオフィスで毎日顔を合わせていれば、どの人がどの分野に精通しているかもわかります。そこから「この問題は彼に聞けばいい」というような判断もしやすくなりますが、会う機会がなくなれば、そのような情報も蓄積されません。つまり、オフィスで働くときと同じ生産性を上げるには、八〇パーセント程度の知識では足らず、すべて自分一人で判断できるぐらいの知識が必要になると思われます。

個人主義と言われるアメリカ人も、じつは毎日オフィスで顔を合わせています。キヤノン時代に新規事業の立ち上げ時に、頻繁にアメリカに行っていましたが、必ず毎朝ミーティングがありました。

アメリカ特有の甘い菓子パンとコーヒーを会社が用意し、それを飲食しながら「昨日は何をやったか」「今日は何をするのか」「いま興味を持って進めていることは何か」などと情報交換するのです。話を注意深く聞いていれば、いざ困ったときに誰に相談すればいいかがわかります。

他人とのコミュニケーションは、脳の刺激にもなります。私は脳科学者ではありませんからそのメカニズムが良くわかりませんが、実感として、朝のミーティングが脳を活性化させ、その後の仕事に役立ったことは確かです。

また、テレワークと生産性の関係は、開発・設計と一般事務でも異なります。キヤノン電子ではそれぞれの業務について分析し、テレワークで円滑に作業を進める方法を検証中です。どの分野がテレワークに向いているか、どうすれば生産性が上がるかなどを踏まえたうえで、テレワークを進めていく必要があるのです。

「その業務が一〇〇パーセントわかっている」とは、業務についての知識があるだけでなく、知恵があるということです。後の六章で詳しく述べますが、ただ「知っている」だけでは仕事の役に立ちません。学んだ知識をもとに行動して初めて「知恵」になります。

テレワークで生産性を上げるには、知識ではなく知恵のレベルまで達している社員であることが肝要になるのではないか、私はそのように考えています。

テレワークのもう一つの注意点

テレワークの問題で、もう一つ忘れてならないのがセキュリティについてです。近年、企業がサイバー攻撃にあうケースが増えています。

コンピュータのセキュリティについては、私も若い頃から研究し、対策ソフトも開発していますが、最も効果的なのは外部の回線とつなげないことです。サイバー攻撃を受けるのは、外線とつながっているからです。

キヤノン電子ではサイバー攻撃から守るため、宇宙関係をはじめサイバー攻撃を受けやすい分野に関するデータは、いっさい外線とつないでいません。専用線だけでつないで独立させています。

さらに外部からアクセスしやすい企業のホームページも独立させ、ホームページから社内のコンピュータにアクセスできないようにしています。物理的に切り離せば、不正アクセスは絶対に起こりません。

ただしこのやり方だと、テレワークで働く社員も社内のコンピュータに入れません。セキュリティを緩める必要があり、この点について、十分な慎重さが求められます。またテレワークしている社員がいっせいに同じ時間にアクセスすれば、サーバーがパンクする危険があり、ここでまた作業がストップすることにもなります。

このようなことも含めて、十分な検討なしに行うテレワークは、企業や国家を危険にさらす可能性があるということを、頭に入れておく必要があるのです。

もちろん便利な点もあります。二〇二〇年の新型コロナウイルス対策で、大人数による会議が開きづらくなったときは、テレビ会議で代替しました。従来からキヤノン電子には海外とのテレビ会議用の専用線を引いてあり、これを国内でも使いました。

専用線を使うほどでもない、ちょっとした打ち合わせには、スカイプやZOOMなどを利用したＷｅｂ会議を開きました。多少タイムラグがあり、会話しづらくもありますが、気軽に打ち合わせしたいときには便利です。

いずれにせよ、テレワークはまだ始まったばかりです。さまざまなトラブルも生じてくるでしょう。それらを真摯に受け止め、細かくきちんと解決することで、働く人にとっても、会社にとっても、有意義な制度になるよう、磨き上げていく必要があるのです。

以上、日本で行われている働き方改革が、このままで望むべき方向に進むのか、私なりの疑問や問題点を提起しました。

働き方改革が目指すべきは、楽をして豊かになろうという話ではないと思います。ときに寝食を忘れるほど仕事に励むのは、仕事で成果を出そうとすれば当たり前の話です。豊かさも本来は、その先にしかないのです。

寝食を忘れるほど打ち込める仕事に出会えるのは幸運なことでもあり、その中でしか味わえない充実感や達成感もあります。少し前の日本のビジネスパーソン、われわれの先輩方はそのことを十分にわかっていました。くり返しになりますが、だからこそ、いまの日本の繁栄があるのです。

次章からは私がキヤノン時代に学んだこと、キヤノン電子の社長に就任してから行ってきたことをもとに、私なりの仕事に対する考え方を述べます。やり甲斐を感じ、生産性が高い仕事を創るには、どうすればいいか。日本の豊かさを取り戻すには、どうすればいいか。真の働き方を考え、実践する参考にしていただければ、幸いです。

実践・解決編

「やり甲斐を感じ、生産性が高い仕事」を創る

3章

寝食を忘れ、集中して働く効用

一日二〇時間、仕事のことを考える

「君たちは一日二〇時間働きなさい」。これは私がキヤノンに入社した当時、創業者の御手洗毅社長に言われた言葉です。

医師でもあった御手洗社長は、社員の健康にとても気を遣っていました。当時キヤノンには GHQ運動というものがありました。これは「Go Home Quickly」を略したもので、つまり「早く家に帰れ」です。ところが私たち開発部門の人間には「君たちは残りなさい。一日二〇時間働きなさい」と言ったのです。

これは「会社で二〇時間働け」という話ではありません。開発や設計、研究の人間は考えることが仕事です。会社で働いているときはもちろん、通勤途中や家でくつろいでいるとき、寝ているときでも仕事のことを考えろ、と言われたわけです。

考えないのは、せいぜい深い眠りにつく四時間、要は二四時間つねに頭の中に仕事のことを置いておけ、ということです。さもなくば、誰もが考えつかないような閃きは生まれません。

いまの日本社会では、二四時間働くのではなく、集中して働くことで生産性が高まるという考え方が主流ですが、そこは仕事による違いもあります。肝心なのは成果が上がるかどうかで、午後六時になったら考えるのをやめて、まったく仕事から離れてしまうというやり方は、少なくとも閃きを必要とする仕事には向きません。

「こうしたらどうだろう」「このやり方は無理だろうか」などと自分の仕事を頭の中心に置き、それを一時も忘れない。そんな日々を送っていると、あるときふっと一番よい考えが浮かんでくるものです。

ニュートンは、りんごが落ちるのを見て万有引力の法則を発見したと言われます。りんごが落ちる様子は、誰もが見ています。それなのにニュートンだけが万有引力の法則を発見したのは、「物体と物体には引き合う力があるのではないか」と、つねに疑問を抱き続けていたからです。だからこそ、りんごが落ちるのを見たとき、万有引力の法則が閃いたと言えるでしょう。

私の場合、枕元にはつねにノートを置き、夜中に閃いたことを書き留めていました。実際には使えないようなアイデアが大半ですが、それぐらい夢の中でも考えていました。これはキヤノン電子の社長であるいまも続けています。

通勤電車の中でも、帰りは反省の時間、行きは準備の時間と決めていました。実験に失敗したときには、なぜ失敗したのか、理由を考え続けました。入社当時の通勤時間は片道一時間以上ありましたが、原因の究明やその対策に没頭するあまり、乗り過ごすこともしばしばでした。

行きは行きで昨日の反省を踏まえながら、その日の作業の進め方などを考えました。前日、帰りの電車でいいアイデアが浮かんだときは、早起きしてふだんより早い電車で通勤し、電車の中で「あれをこうして……」などと、何度も頭の中でシミュレーションしました。わくわくする気持ちを抱えて、会社の研究室に向かったものです。

ただし、それがうまく行くことは稀で、帰りの電車ではまた反省する、そんな毎日を繰り返すのです。家でも妻の不興を買わないよう、ある程度は妻の話を聞きますが、それ以外は、風呂場でも本を読むなど、やはり仕事のことを考えていました。

いい仕事をしようと思えば、これは当たり前の話です。目の前にある情報に気づかず見逃す人が大勢いますが、それは常時仕事のことを考えていないからです。考えていれば新聞を読んだとき、本を読んだとき、テレビを見ていても、ふとしたときにアイデアが浮かびます。ヒントはどこにでも落ちているものです。

昨今、働き方改革の一環で「ノー残業デー」が推奨されています。私は逆に、残業を何時間でもしていい「フリー残業デー」を作ってはどうかと提案しています。例えば水曜日は定時に帰るのではなく、好きなだけ仕事をするのです。

私自身、開発部門にいた頃は毎晩、一〇時二〇分に会社の最寄り駅を出る終電で帰っていました。家に帰って寝るのは夜中で、翌朝は五時に起きて会社に向かっていました。時代が「働かなくていい」方向に向かう中、そんな日が週に一度あってもいいのではないでしょうか。

徹底的に観察して果たした「打倒ゼロックス」

私がキヤノンに入社して間もない頃、複写機の開発に携わったときのことが、強烈に印象に残っています。キヤノンはすでにカメラメーカーとしては世界的なブランドでしたが、一九六〇年代に入ると新たなジャンルへの進出も検討するようになりました。それが六四年に発売した世界初のテンキー式電卓で、これにより事務機への進出を果たし、次に考えたのが複写機の開発製造です。

一章でも述べましたが、複写機への進出はカメラメーカーとしての反省を踏まえたものです。カメラは売れた台数分しか売上が立ちません。売れた後にお金を稼ぐことができないのです。一方でカメラのフィルムは消耗品で、カメラの使用頻度が増えるほどフィルムメーカーは儲かります。カメラはフィルムメーカーを儲けさせるために作っているようなものでした。

そこでキヤノンでも、別の分野においてトナーや用紙といった消耗品を扱うビジネスを始めようと考えたのです。

当時の複写機は、アメリカのゼロックスが圧倒的な強さを誇っていました。シェアはもちろん、特許も何百件と押え、まずは特許に抵触しない作り方を探す必要がありました。ゼロックスが取得していない技術を使い、いかに新しい複写機を作り出すか。そのために始めたのが、徹底的にゼロックスの弱点を探すことでした。やがて「なぜゼロックスは、こんな無駄なことをしているんだ」とゼロックスの盲点が見えてきました。

当時の複写機はすべて大型で、一台が一〇〇キロぐらいありました。それが会社のワンフロアに一台か二台置かれ、これらのメンテナンスや修理のために、ゼロックスは大勢のサービスマンを抱えていました。このサービスマンをなくせないかということを、まず考えたのです。

やがて気づいたのが、感光体の問題です。感光体は画像を写す部分で、面積が大きいうえ、半導体つまり導体と絶縁体の中間的な存在で不安定な性質をしています。そのため温度によって感度が大きく変わり、寒いと複写が薄くしか出ません。

また静電気でインクを付着させるため、雨で湿度が高い日もうまく複写できません。逆に湿度が五パーセントや一〇パーセントといった乾燥地帯では、インクが付きすぎて画像が真っ黒になります。古い機械ほどそうしたトラブルが起こり、サービスマンの出番となるのですが、悪い部分だけ交換できればサービスマンは不要ではないか、と考えたのです。

ダメなものはダメと認め、それを小型にして一カ所にまとめる。技術的な進歩で小型化し、カートリッジにしてダメになったら、カートリッジだけ交換する。故障したらサービスマンが直すのではなく、お客様にカートリッジを交換してもらう。

これなら複写機を売って終わりではなく、その後もお客様にキヤノンのカートリッジを買い続けてもらえます。カメラにおけるフィルムと同じで、これでキヤノンは永続的に商品を売ることができます。こうして複写機の世界で初めて、カートリッジという概念が生まれたのです。

さらに、「打倒ゼロックス」でもう一つ考えたのが、重量です。ゼロックスの複写機が一〇〇キロあるのに対し、われわれは女性でも持てる一〇キロ程度のコンパクトなものを目指しました。これは一章で紹介した上司の鈴川さんの発想です。

海軍の技術将校だった鈴川さんは、第二次世界大戦時に大型潜水艦の中に水陸両用の爆撃機を搭載し、これでアメリカ西海岸まで行って本土攻撃することを提案した方です。アメリカに勝つにはギリギリではダメで、圧倒的な力の差で挑まなければならないと考えていました。複写機もそれぐらい、圧勝を目指さなければダメだというのです。

さらに価格も一〇分の一を目指す。じつは複写機の値段は、重量でほぼ決まります。重さは部品の数で決まるので、部品の数が一〇分の一になればコストも一〇分の一になります。コストが一〇分の一で性能が同じなら、確実にゼロックスに勝てます。

このプロジェクトが立ち上がったとき、私は「ぜひ参加させてください」と手を挙げ、一員に加えてもらいました。日本は第二次世界大戦でアメリカに負けて、技術から何からすべてアメリカに後れを取っていました。それを取り戻すというより、むしろ横取りする気持ちで取り組みました。

このとき私は、ゼロックスの基本特許を徹底的に勉強しました。ゼロックスが持つ特許には、発想がシンプルで、抵触せずに作るのが難しいものが二〇件ほどありました。複雑な計算式の特許は、一年もするとすぐに突破されて使い物にならなくなります。簡単な計算式を使ったシンプルな特許ほど、付け入る隙が見つけにくくなります。

シンプルな特許を突き崩すべく、私はこれらの特許文書を丸暗記しました。優れた特許文書を丸暗記すれば、それを作った人間の設計思想を理解し、そこから逃げ道のヒントが見つかると考えたのです。

結果としてキヤノンは、一五〇〇件以上の特許を取得しました。私の開発した特許も、中にかなり含まれています。そのためにゼロックスの特許を丸暗記したり、昼も夜もなくアイデアを考えたわけですが、そんな毎日が苦しかったかというと、むしろ楽しいものでした。

打倒ゼロックスに燃えていたのは、もちろん開発の人間だけではありません。複写機の開発にあたっては、トナーの粉体技術の開発をはじめとした多大な投資が必要で、その資金調達のため、一章で述べたように、賀来さんが奔走してくださいました。

打倒ゼロックスで始めた複写機の開発は、スタートから製品化まで二〇年近くかかっています。その間、われわれを信じて待ち続けてくれた、社長の御手洗さんの忍耐にも頭が下がります。

誰もがゼロックスを超える複写機の完成を夢見て、諦めなかった。それがまさかと思われた、打倒ゼロックスの実現につながったのです。まさに仕事の醍醐味といえる出来事でした。

夜中の二時でも駆けつける

私はかつて大手新聞社が使用する、業務用の大型複写機を開発したことがあります。ところが製品的に未熟で作業能力が低く、無理な使い方をすると、すぐに動かなくなりました。新聞社は二四時間体制で業務を行っているので、夜中の二時に「動かなくなった」と連絡が入ることもありました。修理できるのは私しかおらず、報せを受けた営業マンは、すぐ私の自宅に電話を入れてきます。

私の自宅から新聞社までは、クルマで約一時間かかります。それでも開発者の未熟ゆえのトラブルですから、連絡を受けると夜中の何時でも駆けつけました。

これが何度も続くとしだいに新聞社の複写機の担当者から、「酒巻さん、いつもすいませんね。こんな夜中に遠くから」と労いの言葉を掛けられるようになりました。「できることは手伝います」と作業の手伝いもしてくれました。

ときに三日続いて徹夜作業のこともありました。こうなればもう「戦友」も同じです。もともとは私の開発した複写機に不備があったからですが、こちらが誠意を込めて尽力すれば、相手も誠意を認めて信頼関係が築かれていきます。後年、その担当者と再会し、「あのときはお互い大変でしたね」と笑いあったこともありました。

こうした関係は、通り一遍な仕事のつきあいでは得られません。飲食をともにして得る親しさとも違います。必要とあれば深夜であれ遠方であれ、すぐに駆けつける。そうした働き方でこそ、得られる充実感や喜びがあるのです。

変化球ではなく真正面からぶつかる

もう一つ、仕事をするうえで大切なのは、「自分の考えを持つ」ことです。上司から言われたから、人がいいと言っているからではなく、「自分がいいと思う」「自分がやりたいから」やるという姿勢です。

新聞社の複写機が故障したとき夜中でも駆けつけたのは、人に言われたからではありません。自分で「そうすべき」と思ったからです。それが私のやるべき使命だと思うから、何度呼び出しがあっても駆けつけ、やがて担当者の信頼を得られました。

これは人と接するときも大事なことで、自分の考えを持っていない人に、人は興味を持ちません。四〇歳になれば多くの人と会い、視野を広げることが重要になります。それには二〇代、三〇代のときから、自分の考えで話す習慣をつけることが重要です。

相手の機嫌を損ねまいと、ただ相手の話に頷くだけでは、相手は興味を持ちません。「どう思う?」と聞かれて意見を言えないようでは、「つまらない奴」と烙印を押され、二度と会ってもらえません。

海外ではとくにそうで、しかも欧米人にはアジア人を見下している人が多くみられます。そういう相手には真正面からぶつかることが大事で、変化球を投げても通用しません。たとえ英語が下手でも、自分の考えを持っている人が尊敬されます。「私はそうじゃないと思う。だからその考えには承服できません」と言えば、むしろ信用を得られます。

相手と意見が違うなら、「それは違うんじゃないですか」「私はこう思います」と自分の考えを言う。自分の言った意見が的を射ていれば、「また相談に乗ってくれ」「食事をしながら話そう」となります。そういうことを何度も繰り返しながら、親密な関係が築かれるのです。約束も守ってくれるし、ビジネスでよい関係を築けます。

相手と意見が対立しても、臆せずに真正面からぶつかる。このことの大切さを、二章で少し触れた、シーメンスと仕事をしたときに強く実感しました。

まだ西ドイツの時代で、ブンデスポスト（国営郵政・通信公社）がデジタル回線を試験的に導入するにあたり、通信端末をキヤノンが請け負うことになったのです。外国企業であるキヤノンには製造に必要な一部情報が開示されず、ドイツ企業であるシーメンスの作る部品を供給してもらうことになりました。

私は責任者として派遣され、交渉は順調に進みましたが、いざ契約という段でシーメンスが突如、「部品を供給しない」と言いだしました。「部品が欲しいなら、製品の納入もシーメンスにやらせろ」と言うのです。

日本の企業ばかり儲けさせるのはつまらない。ブンデスポストの仕事なら、自分たちドイツ企業が儲けるべきだと、途中から欲が出てきたのでしょう。

そこには、これまでの交渉でサイン入り文書を交わさなかった私の落ち度もありますが、口頭であれ一度は承諾した交渉です。会社もそのつもりで動いていて、ここで引き下がるわけにはいきません。会社に莫大な損失を背負わせることにもなります。

あくまで無理難題を押し通そうとするシーメンスに対し、私はついに「供給しないなら帰国後、腹を切る」と宣言しました。相手が承諾しないなら帰国後ただちに、切腹はしないまでも、会社を辞める覚悟はありました。

その気迫が伝わったのでしょう。慌てた担当者はようやく部品供給する契約にサインしました。私の真っ向勝負が、こちらを舐めてかかった相手を打ち負かした格好です。

最初こそこじれたシーメンスとの関係ですが、以後は電話交換機、通信機器などの開発・販売を共同で行うなど、良好な関係を築くようになりました。滞在中に何度もオペラに誘っていただき、おかげで私はオペラが大好きになりました。長くつきあうほどシーメンスの人たちの優秀さ、誠実さを知ることにもなったのです。これも私がつねに相手におもねらず、自分の意見を率直に述べていたからだと思います。

時代を先取りしすぎたNAVIから生まれたジョブズ氏との縁

仕事を通じて議論を戦わせる中でこそ生まれる、信頼関係があります。パソコン開発を通じて、私はアメリカで二人の盟友と言える人物に出会いました。一人はアップルの創業者、スティーブ・ジョブズ氏です。

ジョブズ氏と知り合ったのは、私が一九八〇年代後半に開発した「NAVI」というパソコンがきっかけです。NAVIはパソコン、ファクス、ワープロ、留守番機能付き電話などの多機能を備えた情報機器で、タッチパネルで操作でき、いまのスマートフォンに近いものです。

画面のアイコンに触れるだけで、電話はもちろんファクスの送受信もできました。ワープロで作成した文書をそのままファクス送信したり、ファクス受信した文書をプリントせず、画面上で見ることもできました。

背面の配線もシンプルで、デスクで向かい合わせになっても前の席の人の醜い配線だらけのパソコンを見ずにすみます。機能・デザインともに当時としては最高で、とくにアメリカで高い評価を得ました。

ある新聞では「なぜアメリカの情報機器が市場を席巻している日本から、こんなに凄いコンピュータが出てきたのだ。これこそ、これからのコンピュータの理想的な姿である」と紹介されました。

ところが時代を先取りしすぎたため、一般ユーザーにはほとんど関心を持ってもらえませんでした。最大のネックは五九万八〇〇〇円という価格で、個人で買うにはあまりにも高すぎました。またメモリやCPUの性能もまだまだ低く、ビジネスユースのお客様を満足させる性能にも達していませんでした。

商業的には失敗に終わったNAVIでしたが、このNAVIに興味を持ったのがジョブズ氏です。「自分たちも同じようなパソコンを作りたい」と共同開発のオファーが来ました。当時のアメリカの技術だけでは作れず、キヤノンの技術が必要だったからです。

ジョブズ氏はそのときアップルを追われ、ネクストという自ら立ち上げた会社を経営していました。最初キヤノンはこの申し出を断りますが、再度打診され、応じることになりました。

ジョブズ氏が提案したパソコンは、LAN（ローカル・エリア・ネットワーク）の代表的規格・イーサネットを標準搭載するというもので、インターネット接続が当たり前の現在のパソコンの先鞭をつけるものでした。仕様書を見た私はすっかりほれ込み、「ぜひやらせてください」と上司に何度も頼み、やがて「そんなにやりたいなら、やっていい」と許可を得たのです。

私はキヤノン側の責任者として日々新たなパソコンの開発に取り組み、ジョブズ氏とも何度も激しく議論を闘わせました。そうしてできたのがＮｅＸＴキューブで、これを小型化したのがＮｅＸＴステーションです。いまのｉＰｈｏｎｅの原形とも言えます。

ジョブズ氏は私よりはるかに優秀で、年齢は一五歳も下でしたが、不思議とウマが合い、仕事が終わると誘われて、何度も彼の自宅に泊まりました。ロサンゼルスの日本人街・リトルトーキョーの寿司屋でもよく食事し、菜食主義者の彼がカッパ巻きばかり頼むのを見て、「寿司屋でそんなものばかり食べても、仕方がないだろう」「このネタが新鮮でうまいんだ」などと、他愛ない話をしたものです。

ジョブズ氏の忠告で難を逃れた新規事業計画

そんなジョブズ氏からのアドバイスで、危うい橋を渡らずにすんだこともあります。ジョブズ氏と新規パソコンの開発に取り組んでいたとき、ゴーコーポレーションというアメリカの会社から連絡がありました。

ゴーコーポレーションは携帯情報端末向けOSを開発した企業で、業界では先駆的存在でした。内容はタブレットPCの共同開発の申し出で、見せられた試作品は私がイメージしていたNAVIの次に来る製品、まさにそのものでした。

事業としての可能性を探りたかった私は、会社から離れて個人的に協力依頼を受けることにしました。するとしばらくしてジョブズ氏から「酒巻、俺に隠れて何をしている」と聞かれ、すべてを正直に話すと苦笑しながら「あれはやめたほうがいい。時代が早すぎる」と言われました。

メモリもCPUもまだまだ遅く高価で、私が考える製品作りは無理とのことでした。タブレットPCの開発に未練はありましたが、ジョブズ氏の忠告に従い、協力関係を解消しました。

その後、一九九〇年代半ばにゴーコーポレーションは他社に吸収され、ジョブズ氏の予想は的中しました。何も知らずに共同開発を続けていれば、やがてキヤノンを巻き込んで大損害を被っていたでしょう。

その後もジョブズ氏とのつきあいは続き、会えば軽口を叩き合う間柄でした。突然「会おう」と連絡してくるジョブズ氏にムッとして、「俺はゴルフだから行けない」と断ることもありました。気難しいと言われるジョブズ氏ですが、私とは憎まれ口を叩き合って楽しんでいました。

日本に行きたいので、私にまた案内してほしいと連絡がありましたが、「お前は都合のいいときだけ来る。俺は忙しいからダメだ」と断りました。数カ月後、訃報を知って後悔しましたが、それが二人の関係だから仕方ない、といまは思っています。

人生の岐路に駆けつけてくれたキャンベル氏

もう一人は元アップルの副社長で、ジョブズ氏がアップルを出てネクスト・コンピュータを立ち上げたとき、営業部門の副社長だったビル・キャンベル氏です。私と同年齢で、その後ゴーコーポレーションのＣＥＯも務めています。私がゴーコーポレーションとタブレット型ＰＣの開発を行っていたのも、彼に誘われたのがきっかけです。

キャンベル氏は私の人生の大きな岐路で、アドバイスをくれた人でもあります。キャノンの常務だった私が、赤字同然のキヤノン電子の社長就任を打診されたときです。受けるべきか相談の電話をしたところ、「わかった。そっちに行くから待ってろ」と言って、すぐに日本に来てくれました。

馴染みの店で思いの丈を語ったところ、彼の答えは「キヤノンはいい会社だから辞めるな」というものでした。「社長に就任して、一年でも二年でもやってみたらいい。それでダメだったら、俺はどこでも紹介する。アップルだって紹介する。ああ、アップルならお前のほうがよく知ってるな」。そんな冗談も交えながら、後押ししてくれました。

その後もキャンベル氏に助けてもらったことがあります。キヤノン電子がドキュメントスキャナーを、アメリカで売ろうとしたときのことです。いい商品なのにまったく売れず、値段が原因だろうと下げましたが、やはり売れません。

やがて原因は、周辺機器とソフトがうまく対応していないことにあるとわかりました。そして、アメリカのインテュイットが提供するソフトを使えば解決することがわかり、調べるとインテュイットのCEOはキャンベル氏でした。

すぐにキャンベル氏にメールを送ると、「一カ月後にアメリカの駐在員を寄越してくれればいい」と返信が来ました。一カ月後、駐在員が訪ねると、すべての準備が整い、すぐに使えるようになっていました。

このときキャンベル氏は顔を出さず、「あいつも生意気になったな」などと言っていましたが、さらに一カ月後、メールでキャンベル氏が膵臓がんで亡くなったことを知りました。

キャンベル氏の遺言で「仕事料はアメリカ癌協会に寄付してほしい」と連絡があり、納得しました。彼は不義理な人間ではありません。駐在員が訪ねたときは、すでに病に冒され出られる状態ではなかったのです。箝口令が敷かれ、そのことをわれわれには知らせなかったのでしょう。

この依頼には、「もちろんです。すぐに振り込みます」と即答しました。遺言で寄付を依頼するほど、キャンベル氏は私を信頼していたのだと思っています。

アメリカより勝っていた八〇年代の日本のソフト技術

以上、ジョブズ氏とキャンベル氏の思い出話をしましたが、彼らはIT業界におけるレジェンドです。ジョブズ氏は言うまでもなく、キャンベル氏もジョブズ氏のほか、グーグルの元会長兼CEOエリック・シュミット氏、グーグルの共同創業者ラリー・ペイジ氏、アマゾンCEOジェフ・ベゾス氏など、シリコンバレーのレジェンド的な人たちに影響を与えた人物として知られます。

キャンベル氏の功績は、二〇一九年に日本でも翻訳された『1兆ドルコーチ』(エリック・シュミット、ジョナサン・ローゼンバーグ、アラン・イーグル著、櫻井祐子訳)に詳しく記されています。

そんな彼らと私が共同開発することになったのは、当時の日本がハードウェアでもソフトウェアでもアメリカより勝っていたからです。一九八〇年代の日本は間違いなく、世界の最先端を走っていました。

それが九〇年代以降、日米の立場が逆転するのは、日本ではソフトウェアの価値が認められにくかったことが大きいと言えます。日本の電機メーカーは情報機器というと、ハードウェアの性能を高めることを第一に考えます。ソフトウェアは二の次となりますが、実際はどんな情報機器も、アプリケーションソフトがなければ動きません。

また、風土の違いもあります。ハードウェアは多くの人の力を結集し、技術を積み重ね、改良を加えた結果をすべてつぎ込み完成させます。そのため、いつどのような形で製品が出来上がるかイメージしやすく、完成した製品はほぼ一〇〇パーセントに近いものです。堅実を好む日本人にはわかりやすく、評価されやすいビジネスです。

一方ソフトウェアはジョブズ氏のような天才肌の人たちが、ゼロからいっきに作り上げるケースが大半です。この場合、いつ出来上がるか、先の予測ができません。しかも当初の完成度はせいぜい八〇パーセントで、そこから少しずつバグ（プログラム中の誤り）を修正し、完成を目指す。それを許す風土がアメリカにはあります。

まずは市場に出し、市場に評価を問うのがアメリカ流で、不備があれば買った人に直してもらうことも厭いません。そこではそれに対して、対価を払います。お金で支払うこともあれば、お金の代わりにハードを無償で提供することもあります。

一方、日本で完成度が八〇パーセントの製品を出せば、「不良品を売りつけた」と激しく叩かれます。ところがアメリカではバグを見つけると、「このバグを解決したのはわれわれだ」と自慢する人ばかりです。本当に優秀なフリーのプログラマーなら、その会社からスカウトされたりもします。

こうした違いが日本で優れたソフトウェアの開発者を生まれにくくしています。これに拍車をかけたのが「Ｗｉｎｎｙ事件」です。Ｗｉｎｎｙは二〇〇二年、当時、東京大学大学院で助手を務めていた金子勇氏が開発したファイル共有ソフトです。Ｐ２Ｐ技術を応用して、ファイルをいっせいに同報通信することを可能にしました。

匿名性の高さも特徴で、そこから違法ソフトの交換にも多用され、さらにはウイルスを使った情報流出も増えました。やがて違法利用者たちが逮捕されますが、同時に開発者の金子氏まで逮捕されたのです。二〇〇六年の一審判決で金子氏は有罪となり、この判決こそ日本のソフトウェアの未来を奪いました。

自動車事故が起きたとき、自動車の開発者にも罪があると言う人はいません。罪を問われるのは運転手です。金子氏を罰するのは自動車の開発者を罰するのと同じです。その後、二審で無罪判決が出て、最終的に無罪が確定しましたが、その後のソフトウェア開発に影を落としたことは確かです。

さらに遡れば、「ＴＲＯＮ（トロン）プロジェクト」の中止があります。トロンは東京大学名誉教授で工学博士の坂村建氏がリーダーとなり、一九八四年から開発プロジェクトが始まったＯＳです。開発には国内大手メーカーも多数参加し、私もメンバーの一人でした。

現在のＩｏＴ社会の到来を念頭に開発したＯＳで、間違いなく当時世界最高水準のＯＳでした。これが世界のＯＳのスタンダードになれば、現在マイクロソフトのウィンドウズのような地位をトロンが占めたことになります。

一九八九年には、当時の文部省と通産省が教育用パソコンのＯＳとしてトロン採用を決め、このまま国産ＯＳとしてトロンは多くのパソコンに搭載されるはずでした。ところが計画が中止になってしまったのです。

トロンがウィンドウズを凌ぐＯＳとして評価されていれば、いまの日本のＩＴを巡る事情も、ずいぶん違ったと思うと残念でなりません。

好きなことをやれる喜び

話を「仕事の流儀」に戻しましょう。一日二〇時間仕事のことを考える。自分の考えで仕事をする。キヤノン入社以来、私がそうした態度を続けてこられたのは好きな仕事、やりたい仕事しかやってこなかったからでもあります。

自分にどのような能力があるかを知り、その能力を通じて会社に貢献する。さらには社会に貢献する。その自覚があれば仕事は楽しくなるし、寝食を忘れて働くことも喜びになります。

私がキヤノンを就職先に決めたのも、「この会社なら好きなことを自由にやらせてくれる」と思ったからです。私が入社するにあたり、やりたいと思っていたのはコンピュータの開発です。

当時のキヤノンが作っていたのはカメラと電卓で、コンピュータは手掛けていません。すでに組織が出来上がっていると、やりたいようにやるのは難しいものがあります。そこでコンピュータをやっていないキヤノンを選んだのです。

また、採用時の面接官だった山路敬三さんの人柄にひかれ、魅力を感じ、キヤノンに入社を決めました。私は面接のとき、「これからの日本のもの作りはかくあるべし」などと生意気なことをずいぶん並べ立てました。面接官の多くは、「なんだ、この生意気な奴は」と思ったでしょう。その中で山路さんだけは「人間はうわべだけではわからない。もう少し自分の目で確かめたい」と思ったようです。面接後に私を食事に誘ってくださいました。

自由が丘にある楼蘭という、当時の私には無縁の高級中華料理店で、食事をしながら会社の説明を受けました。「いまは貧しい会社だけれど、一緒にこの会社をよくしましょう。やりたいことがあれば、何でも私が支援します」。そんなことも話されました。

一章でも紹介したように、山路さんはズームレンズの研究者として有名で、その設計理論は「山路理論」の名で知られています。私も大学の教科書で、すでにその名前は知っていました。当時の山路さんは多角化戦略を担う開発部の副部長で、「これから新しい製品を手掛けていく。一緒にやりませんか」というのです。この人のいる会社なら働きたいと、入社を決めました。

キヤノンに入ったおかげで自由に仕事ができました。キヤノン電子に来てからは、子供の頃からの夢だった宇宙開発事業を手掛けることもできました。

好きなことを自由にやれたから、仕事にも邁進できたわけで、どの会社に入るかは重要です。この会社に入って何がしたいのか、この会社で自分はどんな貢献ができるのか。そんな視点を持つことで、働きがいも生まれるのです。

好きだから、日々の努力も楽しめる

私が働くうえでの最大の動機は「もの作りが好き」ということです。キヤノン入社後は複写機のほかにVTR、電卓、ワープロなど、さまざまな部署を経験しました。私ほど多くの部署に配属された社員は珍しいのですが、そんな私の原点はラジオ少年です。

小学校の頃から鉱石ラジオ作りに熱中し、親に東京に連れていってもらい、秋葉原の電気街で部品を買っては作っていました。鉱石ラジオは電池や電気を使わず、空中の電波のエネルギーを利用してイヤホンで聴くというものです。当時ラジオといえば、これしかありませんでした。

アメリカのスタンフォード大学教授のターマンによる『ラジオ工学』という、ラジオ工学のバイブルと言われる本を原書で取り寄せて読んだこともあります。これが欲しいために、自らラジオを作っては、安く売ったりもしました。

やがてテレビも作りだすようになり、やはり秋葉原で部品を安く仕入れて作っては、欲しい人に売っていました。調子が悪いと聞けば、すぐに駆けつけて直し、直らないものは部品を取り寄せ、部品交換しました。

そうしてお金をわずかながらでも手にするようになると、今度はスピーカーや真空管アンプを作り、音楽を聴いたりもしました。大学入学後は人にも売り、テレビの経験を踏まえて希望に応じてデザインを工夫したりもしました。少しでもいいアンプを作ろうと、カーオーディオで有名なメーカーを訪ね、勉強させてもらったこともあります。ものの作りに熱中する中でコンピュータにも興味を持ち、キヤノンでコンピュータをやろうと決めたのです。

好きなことなら、そのための努力も当たり前に思えます。毎日仕事することが楽しくもなります。これはどの仕事にも言えることで、先日お世話になった外科医の方もまさにそうでした。私事ですが、妻が手術を受けたときの担当医で、「私は一年のうち一日しか休んだことがないんです」とおっしゃっていました。休むのは正月だけで、それ以外は毎日診察や手術をしているそうです。

手術が楽しいとのことで、そういう方に手術してもらえるありがたさを感じました。以前は国立がんセンターに勤めていて、がんセンターでの評判もよかったようです。好きなことを仕事にすれば、本人も楽しいうえ、周囲のためにもなるのです。

日本一、世界一を意識して働く

私は、キヤノンではさまざまな赤字部門に異動させられました。同僚からよく「また貧乏くじを引かされたな」と同情されましたが、私はまったく気になりませんでした。どんな部署に行っても、つねに自分で目標を作り、実現に向けて全力で取り組んできたからです。

私の場合、社内での競争に目を向けるより、業界全体を意識するようにしていました。「この製品で国内シェアナンバーワンを取る」「この工場を全国から視察が来る日本一の工場にする」といった具合で、日本のみならず世界のメーカーと戦っても勝てる方法を模索しました。

日本一、世界一を意識して働いたほうが気持ちは高揚し、もっと勉強したい、働きたいという意欲も湧きます。考えてみれば、社内における出世には運が大きく作用します。真面目にその会社のために働けば、ある程度は出世できますが、出世するほどポストは少なくなります。

社長ともなるとポストは一つで、入社年次など、さまざまな要素が絡み合って決まります。そんなものを目標にするより、仕事で成果を上げることを目標に置いたほうが、報われやすく、仕事自体が楽しくなります。

やりたい仕事ができないなら、私は会社を辞めることも厭いません。三〇代の半ばには、思いを通そうとした結果、退職寸前までいったこともあります。

当時は複写機を中心に業務が回っている時代で、私はコンピュータ時代に向けて新たなシステム構築をすべきと考えていました。パソコンを核に、複写機やファクスといったオフィス機器を結ぶシステム化の必要性を強く感じ、そのための組織作りを会社に提言しました。

五〇ページほどの提案書にまとめ何度も提出しましたが、上司はいっこうに理解を示しません。しかも理由を聞くと、「いまの仕事で手一杯だ。そんな新しいことはしなくていい」というもので、要は新しい仕事に手を出して失敗したくないのです。

頭に来た私は「いま社内にコンピュータシステムを導入しなければ、会社は時代に乗り遅れます。そんなことがわからないようでは、この会社は潰れます」と啖呵を切り、翌日から出社しませんでした。

本気で辞めるつもりで一週間ほど家にこもっていると、上司から電話がかかってきて、「あの提案をやらせてやるから、会社に出てこい」と言われました。上司のほうが折れたのです。

新しくシステムセンターが創設され、私はその責任者に任命されました。ただしキヤノンの人事システムでは責任者は役員でなければならず、当時役員だった山路さんが仮の責任者を引き受け、「私は名前だけ貸すから、好きなようにやりなさい」と言ってくださいました。

上司や山路さんに理解していただいたことで留まりましたが、あのとき本気で辞める覚悟だったことは確かです。以後もやる気のない上司の下につくことはありましたが、さすがに無断欠勤はせず、代わりに「この人は無能なのだ」と割り切り、自分が熱中できる分野の勉強に励みました。業界を研究していれば、今後どの分野の知識が必要になるかがわかってきます。そこに焦点を当てて研究していました。

目標を持つから成功できる

入社に際して、その会社の中でやりたいことがあるかないか、それだけでも会社に入ってからの人生は大きく変わります。アメリカのビジネスコンサルタント、ブライアン・トレーシーの『ゴール――最速で成果が上がる21ステップ』には、ハーバード大学のＭＢＡ

（経営学修士）の卒業生を対象にした調査結果が記されています。

卒業生に将来について尋ねたところ、「目標を紙に書いた人」は全体の三パーセント、「目標はあるが、紙に書かなかった人」は一三パーセント、「目標を持っていない人」は八四パーセントでした。

一〇年後に追跡調査すると、「目標はあるが、紙に書かなかった人」の平均収入は「目標を持っていなかった人」の約二倍でした。そして「目標を紙に書いた人」の平均収入は「目標を持っていなかった人」の約一〇倍にも達したのです。

多くの優秀な学生は、「目標は就職してから考えればいい」と考えます。しかし実際は、卒業するときに目標を持たない人は、就職しても上司や会社の言いなりで、自分の目標をまず持てません。主体性のないまま言われた仕事をこなすだけなので、たいした成果も上げられない。これでは会社に貢献する人間にはなれません。

逆に目標を持っていれば、目標達成に向けて励みます。結果として一〇年後の収入の大差にもつながっていくのです。

いまキヤノン電子が取り組んでいる宇宙関連事業は、キヤノン時代から私が手掛けたいと思っていた目標です。キヤノン電子をはじめグループ全体の精密加工技術や光学技術などを結集すれば可能だと認識しており、社長就任を機に実現させたいと考えるようになりました。

二〇〇二年には海外の友人から勧められて読んだ、エヴェレット・カール・ドールマンの『アストロポリティーク 宇宙時代の古典地政学』に「これからの時代は地上五〇〇〜六〇〇kmを制したものが世界を制する」とあり、「いよいよチャンスが来た」と直感しました。

とはいえ当時のキヤノン電子には、すぐに宇宙関連事業に取り組む余裕はなく、まずは開発資金を貯めるところから始めました。懸命に経営改善に取り組み、利益を出せる体質にすることで、ようやく宇宙事業に乗り出せる準備が整いました。

ただ私には必要な知識も経験もなく、まずはその道の権威である恩師に相談したところ、「君は何歳になったら、まともな人間になるんだ」と呆れられました。最初は猛反対されましたが、私にとっては技術者として最後の挑戦であり、「若い技術者に夢を与え、目標に向かって死に物狂いで挑戦する楽しさを味わってもらいたいのです」と懸命に訴えると、ついには「一緒にやろう」と事業への協力を約束してくれました。

もう一人、その道に詳しい知人にプロジェクトの責任者を頼むと、彼も快諾してくれ、さらに知り合いの三〇代の技術者を紹介してくれました。将来を嘱望された優秀な若手でしたが、彼もキヤノン電子の宇宙事業にやりがいを感じ、職を辞して会社に来てくれました。

これも子供の頃から宇宙への夢を持ち続け、キヤノンに入ってからは実現に向けて勉強を続けた結果です。夢を実現させるための努力を続けていれば、六〇歳を過ぎての挑戦でも実現できるのです。

必死でやれば周りも協力してくれる

上司の反対を理由に、チャレンジを諦める人は少なくありません。そして「上司が無能だから自分たちは思うように働けない」と言い訳をします。しかし、本人は上司が悪いと思っていますが、実際は自分たちが働きたくないだけなのです。上司に反対されて諦めるのは、自分が楽をしたいからです。

本当にやりたいことなら、上司の反対を乗り越えて挑戦する覚悟が必要で、「上司が無能」と思うなら、そんな上司を超えて意志を通すことです。

少し前、東大大学院卒の研究職の社員が「役員たちが許可をくれない」とこぼすので、次のように言いました。

「何のために一生懸命、四当五落で必死で勉強して東大に入ったんだ。自分の能力をフルに発揮したいと思わないのか。上がダメだというからダメと考えるのは、惨めだと思わないのか」

部下の提案を上司が認めないのは、ある意味、当然で、それを突破しようと必死にやるのも仕事です。必死にやっていれば、必ず誰かが見ていて助けてくれます。私が辞める覚悟で会社を一週間休んだときも、私の思いをわかってくれる人がいました。「あんなに必死なんだから面倒見てやれ」「俺が面倒見てやろう」などと、助けてくれる人が出てきました。

逆に適当に仕事をして、「上司が無能だから」と言っている人に、周囲は手を貸しません。真剣に仕事と向き合っているか、手抜きをしているかは周囲にはっきり伝わります。誰も手助けしてくれないなら、それは必死さが足らないだけなのです。

また周囲の助けを得たいなら、もう一つ、手柄を独占しないことも重要です。必死で働いて成果を上げたときも、そのうち何割かは周囲の手柄にする。

たとえば私はキヤノン時代、六〇〇件近い特許を取得しました。毎日二〇時間考えたからこその成果ですが、部下に譲った特許も数多くあります。おかげで部下や後輩たちは私を慕ってくれ、キヤノン電子に移るときには「酒巻さんは凄い。成功してもそれを鼻にかけない」と言って、私が取得した特許をずらりと記した紙をプレゼントしてくれました。

そもそも特許の取得は全力投球の結果として、たまたま成功したに過ぎません。全力投球の結果が失敗に終わることも、無数にあります。特許に限らず成功や失敗は会社やマーケットが判断することで、私自身は夢中になることができれば、それでいいと思っています。

一人でできる仕事は限られています。周囲の協力を得たり、集団にならないとできない仕事のほうが圧倒的に多い。そこで、手柄を周囲に分けるようにすれば、協力者は自然に増えていきます。必死で働く。手柄を独り占めしない。自分が納得できる仕事をするうえで、この二つは非常に重要です。

三〇代は二〇代の二倍、四〇代は三倍の勉強が必要

一般に若手よりもベテランのほうが、仕事の能力が高いと思いがちです。しかし実際は、三〇代や四〇代のベテランよりも、二〇代の若手のほうがいい仕事をすることが少なくありません。

以前、工場の一部をクリーンルームにすることになったときの話です。その担当を中堅の課長に任せると、数千万円かかるという試算が出てきました。少し保留にして二〇代の若手に考えさせたところ、数十万円で作ってしまいました。

中堅課長は専門業者に依頼し、そこから出てきたのが数千万円という数字です。専門業者が作る、チリ一つ入らない密閉性の高いクリーンルームなら、それぐらいするかもしれません。

ただしこのとき必要だったのは、そこまで厳密でなく、ゴミが入らなければいいという程度でした。そこで若手はホームセンターなどで材料を買い込み、厚手のビニールカーテンを垂らして仕切りにするなど、要件を十分満たすクリーンルームを作ったのです。ビニールカーテンを吊るすだけなら工賃もゼロで、結果として数十万円でできたのです。

ベテランには経験がありますが、問題はその経験が新たな発想を邪魔することです。ベテランも若い頃には柔軟な発想をしていたはずですが、いつしかルーチンで仕事をするようになっていきます。つまらない常識を持ちすぎて、よりよい方法を見つけようとはしません。「ベテランとは、いかに楽をするかを考えている人だ」と、私はよく社員に話しています。

このように、発想で若者に敵わないならベテランはどうすればいいか。勉強しかありません。学び方も大事で、二〇代はひたすら学ぶだけで十分ですが、三〇代になれば自分の中で欠けているところを補うつもりで勉強する必要があります。さらに四〇代になれば、失われた能力を補うための勉強をする。つまりは部下や後輩を使い、育成するマネジメント能力を磨くのです。

さらに重要なのが、勉強にかける時間です。三〇代になれば、二〇代の倍の勉強をする必要があります。二〇代が一週間で四時間勉強するなら、三〇代は八時間勉強する。そして四〇代になれば、二〇代の三倍は勉強する。

アスリートがそうであるように、仕事も年代が上がるほど覚える能力、新たなアイデアを思いつく能力は衰えていきます。数学者でも世紀の発見をするのは、たいてい二〇代です。そうした中、四〇代で会社が求める一〇〇の能力を発揮し続けるには、二〇代の三倍勉強するしかありません。

それも本を読むだけではなく、学んだ知識を現場で試すのです。そうして頭と体で覚えたものを五〇代、六〇代で整理していく。そうすれば七〇歳ぐらいまでは、十分会社に貢献できます。

キヤノン電子には大手電機メーカーの製作所の元所長がいますが、七〇代になったいまも、まったく衰えていません。やはり二〇代から四〇代までは、ほとんど家に帰らないほど仕事をしたり、勉強をしていたそうです。いまも大変な勉強量で、新しい技術もみんな理解しています。

先に紹介した私の元上司だった山路さんも、大変な勉強家でした。会社から帰ると最低でも二時間は勉強し、休みの日は必ず、母校の東大の図書館や国会図書館で専門的な学問の勉強をしていました。

あるとき山路さんに「なぜそんなに勉強するのですか」と尋ねると、笑いながら「図書館は楽しいよ」と答えてくれました。山路さんは本当に勉強が好きなのでしょう。山路さんの域にまで達するのは難しいでしょうが、現キヤノン会長の御手洗冨士夫さんも含め、名経営者と呼ばれる人が、おしなべて勉強家であることは間違いありません。

4章

休みをきちんと取り、意義ある時間にする

社員食堂を充実させる理由

社員が健康であることは、仕事の生産性を高めるうえで重要です。その一環としてキヤノン電子が取り組んでいることの一つが、社員食堂の充実です。

これは、ここまで何度か紹介した、医師である御手洗毅社長から学んだものです。「健康第一主義」を掲げていた御手洗さんは、キヤノンが開発した医療用X線カメラで社員の集団検診も行っていました。

「二〇時間働きなさい」と言っていた御手洗さんですが、食事には気を遣ってくださり、われわれが夜遅くまで働いていると、「ちゃんと食べたか」とよく声をかけられました。

当時のキヤノンは残業時に平社員が食べられるのはうどんだけでした。そう答えると、「そんな決まりは破りなさい。うなぎでも食べなさい」と言ってくれました。

さっそくうなぎを食べ、それを続けていたところ、経理部から「お前たちは資格がないのにうなぎを食べた」とクレームが来ました。「私たちではなく社長が食べろと言うから、食べたんです」と答えると、経理部もすごすご引き下がりました。

うなぎを食べ続け、さすがに飽きてきたので今度は海老天を食べだすと、社長がやって来て「何を食べているのか」と尋ねました。「海老天です」と答えると、「ああ、海老天は体にいいぞ」と言ってくれました。

社員全体の食事に気を配っていただいていて、私の若い頃は、社員食堂で朝食を摂っていましたが、味噌汁とご飯は無料で提供されていました。私は毎日安い漬物を持参し、無料の味噌汁とご飯で朝食をすませていました。そこで私がキヤノン電子の社長になったとき、同じように気を配りたいと思ったのです。

まず手掛けたのは食堂の改装で、食器をプラスチック製から陶器に替え、床や机も木目調で統一しました。食材もできるだけ無農薬の野菜を使うようにし、サラダバーを併設しています。とくに近年、自動化植物工場事業を手掛けてからは、フリルレタスを毎日、東京本社や各工場に送っています。

味にもこだわり、料理人は東京・亀戸にある老舗割烹・升本から来てもらい、昼と夜の食事を作っていただいています。本当は朝食も提供したいのですが、最近は朝食を食べない社員が多く、希望者が少ないのでやめました。

食材もすべて升本と同じで、先付けや刺身など、さまざまな品揃えの中から好きなものを選んで食べられます。これを昼は五〇〇円、残業する者には、夕食は無料で提供しています。

本当は昼食も無料にしたいのですが、国税庁の解釈ではこの場合、社員への給与にあたり所得税がかかると言われ、五〇〇円払ってもらうことにしました。夕飯に関しては給与にあたらないとのことで、無料にしています。

昼食は大半の社員が利用し、夕飯も多くの人が利用しています。とくに独身者が多くみられます。夫婦ともキヤノン電子で働いている場合、夫婦で食べて帰る人たちもいます。会社の負担もそれなりにありますが、社員の健康を考えると高いとは思いません。

私も社員と一緒に社食を利用し、そのときに社員の様子を伺っています。

元気のなさそうな社員を見かけたら、食堂を出るときに声をかけます。キヤノン時代から私は、部下の様子は後ろ姿を見ればわかると考え、観察してきました。後ろ姿はいちばん無防備で、その人の内面が出ます。だから職場では、いつも最後に部屋を出て、鍵をかけて帰っていました。食事も同じで、食べ方や立ち去るときなどに、ふとその社員の内面が表れます。

また先日は食後に若手社員から声をかけられ、海外出張に伴う相談を受けました。先方に確認したほうがいいと助言しましたが、あらたまって質問しにくい、ちょっとした疑問を解消しやすい場にもなっています。

ふだん別々に仕事をしている人たちが毎日のように同じ空間を過ごすので、コミュニケーションの円滑化にも役立っています。

家族を会社に招待する

キヤノン電子の社員は、東北出身者が少なくありません。とくに二〇一一年の東日本大震災以降は、高卒者を東北出身者から積極的に採用するようにしています。

彼らが入社して一年経った頃、ご両親を招いて会社で働いている様子を見てもらうのを恒例行事にしています。工場見学をした後、昼食は社員食堂を体験してもらいます。遠方から来てもらう場合は、交通費やホテル代は会社持ちとしています。

このツアーをいちばん喜ぶのはお母さんで、「こういうところで働いているなら、安心して帰れます」と言って帰っていきます。じつはお母さんに喜んでもらうのは、会社にとってメリットがあります。帰ってから周りの人たちに、「キヤノン電子はこんなにいい会社だった」と宣伝してくれるからです。それを聞いた人たちは「うちの子も入れよう」と考えるようになります。いい人材が集まりやすいのです。

お母さんが喜べば、子供も「この会社で頑張ろう」となります。仕事がつらくて辞めたいと弱音を吐いたときも、「あんないい会社はほかにないから、辞めるんじゃありません」と止めてくれます。多くの仕事は三年我慢して働けば、一人前になります。一〇年経てば、主任になります。そのための後押しをお母さんがしてくれるのです。

もちろんそこまで期待したわけではありませんが、ご両親に安心してもらうことは社員の愛社精神を育むことにもなります。

いまだからこそ社員寮を充実させる

キヤノン電子では一人暮らしする社員が過ごしやすいよう、社員寮も充実させています。よく驚かれるのが立地で、東京本社勤務の社員用は港区の白金高輪、大田区の田園調布、目黒区の武蔵小山に土地を買い、社員寮を建てました。一等地ばかりを選んだのは、不要になったときに売却しやすいからですが、社員にとっても暮らしやすい環境であることは間違いありません。

各部屋はすべて、風呂、トイレ、台所、そして、家具付にしています。民間の賃貸マンションならば、相場は一〇万円ほどで、ここに一カ月二万円、光熱費込みで住めるのです。新入社員は二万円さえ持って寮に入れば、快適に過ごせるようになっています。

また埼玉県本庄市で、JR高崎線の本庄駅から徒歩三分ほどのところにも一六〇〇坪の土地を買い、寮を建てました。完成直後は「いくらで泊まれますか」などと、よくホテルと間違えられました。それほど豪華な建物で、庭も埼玉県の優良緑化計画と認定されました。

もともと別の会社が所有していた土地ですが、空き地になり、夜が寂しくて危険ということで頼まれ、美里工場の寮として買い取りました。寮ができたことで人通りも増え、安心して通れると、近所の人たちからお礼を言われました。

他の工場にも寮があり、社員はいずれも昼食も夕食も食堂で食べられます。朝食も出したかったのですが、パンやコーヒー程度ですませる人がほとんどで、やはり出すのをやめました。代わりに昼食と夕食をしっかり食べてもらっています。

三〇年ほど前の日本は、どの会社も福利厚生を充実させていました。だから大阪大学や名古屋大学をはじめ、優秀な地方国立大学の人が東京の会社に就職しました。それがバブル崩壊後いっせいにやめてしまい、地方大学から来る優秀な人材が減っています。

とくに問題は費用で、安全な場所で一人暮らしをするには、かなりの金額が毎月の家賃として必要です。これに家具や家電などを買うことを考えると、初期費用として五〇万円近くかかることになります。これは新入社員にはかなりの負担となる金額です。だから東京に来たがらなくなっているのです。

そこを逆手にとって、キヤノン電子では社員寮を充実させたのです。どの会社も福利厚生にお金をかけなくなったいまだからこそ、格安で快適に過ごせる寮を作れば、地方から優秀な人材を集めやすくなります。

隣人が誰かもわからないような都会のマンションで独り暮らしをさせずにすむと、ご両親も喜ばれます。宇宙関連ビジネスでイタリア人の女性を採用したときは、両親が寮の様子や、食事も栄養価が高くおいしいものを食堂で安価に食べられると知り、安心して日本に送り出してくれました。彼女も居心地がいいようで、とくに社食では「パスタと一緒」と言ってラーメンを好んで食べています。

就業後に勉強しやすい風土作り

キヤノン電子には、勉強熱心な社員が大勢います。とくに宇宙関連ビジネスでは、「自分たちの手で宇宙ビジネスを成功させる」という夢があるだけに、退社後も大学の研究室に通って実験を行う人が少なくありません。

多くは博士号を持ち、持っていない人には大学院に行って博士号を取ることを勧めています。博士課程に在籍すれば、その後大学院に戻り、一緒に共同研究することが可能になります。このときは休職扱いではなく、キヤノン電子の社員として給料を払い続け、研究を進めてもらいます。やる気のある人にチャレンジさせるのは、キヤノン電子の方針でもあり、固定費の一つと考えています。

ほかにも東京理科大学のオープンカレッジをはじめ、社会人大学院で学んでいる人が四〇人ほどいます。理系だけでなく、ビジネススクールに通う事業部長もいます。いずれも学費は自己負担で、会社を夕方六時に退社してから通っています。積極的に外部へも勉強をしに行くことを推奨する風土が他の社員にも刺激を与え、こうした社員を増やしているように思います。

また優秀な人材を生かすという意味で、「バックパス制度」というものを設けています。キヤノン電子には優秀な女性社員も多くいますが、夫の転勤で会社を辞めざるを得ない人が少なくありません。そこで、彼女たちのために作った制度です。

これは、夫の転勤で会社を辞めるけれど、戻ってきたら前職と同じ給料、同じポストで働けるというものです。辞めるに際し、その旨を記した申請書にサインするのが条件で、東京本社に限らず、工場で働く人たちも同じです。もちろん成果を上げれば、地位も収入も上がります。

もともと女性のために考えた制度ですが、男性も利用できるようにしています。対象は入社後五年以上勤務した社員で、配偶者の転勤や家族の介護のほか、やむを得ない事情として会社が認めた人を対象に、五年以内なら再雇用します。

プレミアムフライデーでも生産性は落ちない

二〇一七年から、個人消費を喚起する目的でプレミアムフライデーが始まりました。毎月最終金曜日に商業施設などはイベントやキャンペーンを行い、一方で企業は午後三時に仕事を終え、夕方からの時間を買い物や旅行などにあててもらう。

働き方改革の一環でもあるこの取り組みについて、キヤノン電子も早くから導入し、今でも継続しています。金曜日の三時に仕事が終われば、金・土・日と二泊三日の旅行もしやすく、一泊旅行よりも楽しみ方の幅が広がります。週末に勉強したい人にとっても、より集中して取り組むことができます。

もっとも導入について当初は社員から反対の声もあり、なかでも反対したのが工場長でした。労働時間が減れば工場としても嬉しいはずですが、工場長の考えは「生産が追いつかなくなる」というものでした。

私に言わせればこれは杞憂で、時間短縮といっても、一カ月のうちのわずか二時間です。一カ月の勤務時間は一六〇時間程度ですから、このうち一～二パーセントに過ぎません。生産性を一～二パーセント上げればいいだけです。

そう説明すると「そうですね」と納得し、いざ始めるとあっという間に四パーセントも生産性が上がりました。工場で生産性を上げるには、生産量を増やすよりも不良を減らすほうが簡単です。意識を変えることで不良が減り、それも当初の目標を大幅に超える数字でした。

意識が変わることで、工場で働く人にも会社にも嬉しい結果が出せることをプレミアムフライデーは証明したことになります。

プライベートの時間にすべきこと

仕事とプライベートをきっちり分けるのは、多くの日本人が苦手です。とくにかつての日本では、部下を休日ゴルフなどに呼び出すのが当たり前でした。正月も「今年の方針を発表するから必ず来い」と自宅に呼びつけるのが慣例でした。私は「家族の用があるから無理です」などと言って一度も行かず、おかげで人事考課はひどいものでした。

引っ越しも部下が手伝うのが当たり前で、仕事があまりできない部下ほど早朝から出て行って張り切ったものです。こういう人ほど賞与が多く、出世しやすいのもこういうタイプでした。

勤務中に世間話をしたり、就業後に上司や同僚と飲みに行くのも仕事とプライベートの区別ができていないからです。一緒に雑談したり飲食したりすれば、相手に対する親しみがわきます。一見いいことのようですが、甘えのもとでもあります。

これは、部下の仕事に対するチェックが甘くなったり、上司が部下に仕事を丸投げするといったことにもつながります。上司が残業していると、自分も残らざるを得ないことにもなってしまいます。

アメリカ人をはじめ多くの外国人は、仕事とプライベートをはっきり区別します。私は日本人よりも外国人に気の合う人が多いですが、この点も関係しているかもしれません。

勤務時間中は集中して仕事をして、終業時間になればさっさと帰る。これがキヤノン電子の基本姿勢で、プライベートの時間は見聞を広め、人間の幅や仕事の幅を広げるために使うよう意識づけしています。

たとえば商品開発の仕事は、三年先の需要を読むことが求められます。アイデアを思いついてから商品を完成させ、販売に至るまで三年ほどの年月がかかるからです。もちろん製品によっても異なり、パソコンなどＩＴ関連なら一年ないし数カ月単位ですが、いずれにせよ市場を先読みする能力が必要です。

それにはつねに市場にアンテナを張ることが大事で、オフの時間は、そのための格好の時間になります。街へ出て映画を見たり、はやりの店をチェックしたり、歩いている人たちを観察する。世の中の動きを肌で感じることで、時代の流れもつかみやすくなります。趣味を持ったり、教養を広げることも大事です。たとえばアップルのスティーブ・ジョブズ氏は、驚くほど芸術に対する深い造詣の持ち主でした。「あの指揮者はウィーンフィルでのパフォーマンスが最高だった」「彼の絵を初めて見たときの衝撃は忘れられない」といった体験談が、会話の中でしょっちゅう出てきました。

また興味を持ったものへの探究心が非常に強く、一緒に精進料理の店に行き大豆を原料にした肉料理そっくりの料理が出てきたときは、作り方をあれこれ知りたがりました。「色はどうやって着ける？」「形は？」などと私に質問し、私が適当な答えをすると「いい加減なことを言うな！」と怒り、仕方なく店の人を呼んで詳しく説明してもらったこともありました。

ジョブズ氏ほどではありませんが、私もいろいろなものを見たり聞いたりしています。クラシック音楽や絵画が好きで、よく聴いたり見に行っています。キヤノン電子のオフィスや食堂には絵を飾っていますが、すべて複製でなく本物です。本物に触れることで、本物だけが持つパワーに触れてほしいからです。

神社仏閣を訪ねるのも好きで、キヤノン電子本社のある秩父市周辺の秩父三四カ所観音霊場を巡って、食べ歩きをしながら楽しむこともあります。

今はコロナ禍でなかなかままなりませんが、工場にいる社員が東京出張に行くときは、仕事が終わってもすぐに帰らず、秋葉原の電気街か上野の美術館にでも行って、しっかり刺激を受けるように伝えています。たまの出張で昼間から東京の空気に触れるのも、大事な仕事のうちです。

在宅時は家事もします。私の世代は「男は仕事だけすればいい」と家事をしない人が大半でしたが、私はできる限り家事もやりました。朝早く起きる習慣があるので出勤前に洗濯機を回し、洗濯ものを干してから出掛けます。帰宅後、洗濯物を畳んでタンスにしまったり、ワイシャツにアイロンをかけたりもします。

妻の体調が悪いときは料理や掃除もして、より要領のよい方法を考えて楽しんでいます。興味の対象が増えるほど、人生は豊かになり、それが仕事にも生きると思っているのです。

本当の情報を得られるのは読書だけ

世の中への感度を高めたり、自分の幅を広げたりするうえで、とくに重要なのが読書です。それが仕事のための本であれ、楽しむための本であれ、本を読むと読まないとでは仕事にも人生にも大きな差が出ます。

いまはインターネットを使えば、さまざまな情報が手に入ります。スマホやパソコンで調べてわかった気になりがちですが、ネットで得た知識と本で得た知識はまるで違います。テレビも同じで、テレビで知った情報は、本当の情報とは言えません。

ネット情報やテレビを見て知った気になっても、実際は何も知らないのと同じです。いずれも表面をなぞっただけで、深いところまで踏み込んでいないからです。

私は子供の頃から読書が好きで、読書を通じてさまざまな知識を得たり、感動を味わってきました。それが仕事に直結する場合もあれば、巡り巡って仕事に役立つこともあります。本章の最後に、私のこれまでの本との関わり方をご紹介したいと思います。

私は読書好きの両親の影響で、小さい頃から「本を読め」と言われて育ちました。志賀直哉の『清兵衛と瓢箪』、尾崎紅葉の『金色夜叉』、芥川龍之介の『杜子春』『蜘蛛の糸』などは、いまも内容をスラスラ言えるほど繰り返し読みました。高校時代、とくに好きだったのが、田山花袋の『蒲団』です。舞台になった場所を見たくなり、学校をサボって東京まで出掛けたこともあります。

サボったのがバレてさんざん先生に絞られましたが、母に事情を話すと「それならいいよ。先生の言うことはほどほどに聞いて、そういうところにはどんどん行きなさい」と、怒られるどころか褒められました。

以後も好きな小説の舞台は、必ず見に行きました。田山花袋の作品は『田舎教師』も好きで、主人公が青春時代を過ごした埼玉県羽生市を訪ね、町を歩きながら主人公の考えや行動に思いを馳せました。

司馬遼太郎の『坂の上の雲』では、二百三高地をはじめ中国へ何度も足を運びました。現地に立ってようやく、司馬氏がなぜ二百三高地における陸軍の戦術を批判するのか、納得しました。

読むだけでなく現地まで足を運び、土地の空気を感じたり自分の目で確かめたりすることで、理解度は格段に上がります。ここでなぜ、こう行動したのか。文字を読むだけではわからないことが、「そうだったのか」と腑に落ちるのです。

こうなるとたんなる「知識」から、役に立つ「知恵」に変わります。頭に深く刻まれ、一生忘れることがなくなります。

『坂の上の雲』でもう一つ印象に残っているのが、陸軍の伊地知幸介です。旅順攻囲戦で乃木将軍の参謀長を務めた人物で、融通の利かない無能者として描かれています。「うちの会社にも伊地知のような奴はいるな」と思いあたる人もいて、そこから人事がどのように決まるのか、どういうときに作戦が失敗するかがわかってきました。

他の人物についても会社の誰に相当するか考えると、だいたい当てはまる人がいます。失敗する組織の人事、成功する組織の人事とはどのようなものかを当てはめることで、平社員ながらあるべき会社の人事を考えたりもしました。

平社員でもトップ気分で人事の妙を味わえ、こうして読んでいくと一度で話を覚えます。それでも何回も読み直し、さらに理解を深めました。『三国志』もやはり会社の人事に当てはめて読んだりしました。

もちろん歴史小説以外にも、さまざまな小説を読みました。そして現地を訪れ、さらに想像力を膨らませていくのです。

テレビよりマンガのほうがいい理由

一方でマンガも小さい頃から好きで、ずいぶん読みました。手塚治虫や山川惣治、小松崎茂などのマンガや絵物語を読み、絵を一生懸命真似たりしました。社会人になってからも『ガロ』などのマンガ雑誌やコミックの単行本を読み、部下を持つようになってからは「マンガを面白いと思わなくなったら脳が硬化している証拠だ」と言って、毎週一〇誌ほどのマンガ雑誌を買って部下に読ませていました。鳥山明の『ドラゴンボール』や青山剛昌の『名探偵コナン』は、いまも好きなマンガです。

たんに楽しむだけでなく、マンガから多くの知識を得ました。私の好きな作品の一つに亜樹直作、オキモト・シュウ画の『神の雫』があります。ワインを巡る、さまざまな物語が描かれ、このマンガをきっかけに知ったのがジョージ・M・ティバーの『パリスの審判 カリフォルニア・ワインvsフランス・ワイン』というノンフィクションです。

一九七六年にパリで開かれたワイン品評会の様子を描いたもので、当時の誰もが思っていた「フランス・ワイン＝おいしい」「カリフォルニア・ワイン＝まずい」という常識が覆えるさまが見どころです。

審査員が高得点をつけたワインが、じつはカリフォルニア・ワインだったとわかり審査員が慌てふためくのですが、この本を読んで改めて「思い込みは人の目を曇らせ、判断を誤らせる」と実感しました。以来、おりに触れて読み、固定観念の恐さを思い出しています。

私の子供はよく「うちの子はマンガばかり読んでいて勉強しない」と嘆きますが、「テレビしか見ていないよりは、よほどいい」と答えています。

テレビは流れてくる映像を見るだけの受動的なものですが、マンガは自分でコマを読み、ページをめくらなければ前に進みません。「読む」という意志が必要な、能動的行為です。

能動的に物語を楽しむ習慣が身につけば、やがて文章も読みたくなり、文学にも向かうようになります。最初は要点だけ書いた本を読むかもしれませんが、それもやがて飽き、きちんと原本を読もうとなります。そうなれば読書力がつき、国語でもかなりの点を取れるようになります。

本は借りずに、買って読む

勉強のために本を読む場合は、重要な部分はメモを取るようにします。せっかく読んだ本も読みっぱなしでは、ほとんど忘れてしまいます。大事な部分に線を引く人もいますが、線を引いただけでは、やはり記憶に残りません。

本の内容を血肉化するには、大事な部分は必ずメモを取ることです。それも丸写しではなく、自分の言葉で整理し、体系化したものを書きます。そうした作業を経る中で、記憶として定着し、本当に使える知識になります。

メモを取る時間がないときは、とりあえずその箇所に線を引き、さらにスマートフォンで撮影します。あとでノートに書き写したり、まとめています。そのため私は、本は必ず図書館などで借りずに、買うようにしています。

入社以来、会社の経費で本を買ったことは一度もなく、どんなに高い専門書でもすべて自腹で買いました。経費で買えば会社の本になり、勝手に線を引けません。本に書かれた内容を自分のものにするには、やはり自分で買うことが大事です。

また本を選ぶときは内容をざっと見て、自分と同じ意見が書かれていそうなものを買います。その意味では自分の考えがなければ、自分に必要な本は選べません。自分の考えがあって初めて、必要な本も見えてきます。

自分の意見と反対の本は、読んでも役に立ちません。自分の考えを後押しする本こそが大事で、書店に行ったらまずはいろいろな本を手に取り、「これは」と思う本に出会うまで買わないことです。

そして選んだ本は、巻末に紹介された参考文献も全部読みます。作者は参考文献を読んで自らの考えを構築し、書いています。参考文献を読むことで、いわば作者と同じ体験ができます。そこまですれば、その本についてかなりの理解を得られます。

『坂の上の雲』の場合、参考文献が厖大すぎて全部は無理ですが、その中から三〇冊は読みました。本を読むのは速いほうですが、そのため全部読み終えるまで一年半かかりました。おかげで『坂の上の雲』が描いた日露戦争の時代について、かなり考えを深めることができました。

新しい分野を勉強するときの入門書の探し方

自分がよく知らない分野を勉強するとき、やりがちなのが専門性の高い本を手に取ることです。レベルの低い本では意味がないと思うからかもしれませんが、これは失敗するもとです。その分野の基礎的な知識があるならともかく、そうでない場合、まず内容を理解できません。たんに字面を読むだけで頭に入ってこず、すぐに投げ出すことになります。

仕事で使うレベルの知識を得るために、いちばんいいのは高校の教科書です。たいていの仕事は、高校の教科書の内容がわかれば通用します。

私はキヤノンに入ったとき、大学の工学部を出ながら電気や物理、化学などの基礎知識が欠けていることを痛感しました。そこで工業高校の教科書で勉強しなおしたところ、これだけでメーカーの開発部門でも十分通用しました。

一流大学を出た部下に高校の教科書を読ませたことがありますが、意外に基礎的な部分が抜け落ちていました。まずは高校の教科書をしっかり勉強することが大切なのです。

さらに、高校の教科書にない分野の勉強をするときは、子供向けに書かれた本を読みます。あるいは、まったくの初心者向けに書かれた入門書を読みます。

最初のあたりは知っている内容ばかりかもしれませんが、読み進めるうちに子供向けでも門外漢は知らない内容になっていきます。講談社ブルーバックスなどの科学系の教養新書は、門外漢にはレベルが高く、やはり途中で投げ出すのがオチです。

私が八〇年代に環境経営の勉強を始めたときは、まだ日本に適当な本がなく、英語やドイツ語の子供向けの本で勉強しました。子供向けなので英語も比較的容易で、ドイツ語は辞書を引きながら何とか読みました。いまなら翻訳本も増えているので、日本人の本で適したものがない場合は、翻訳書を使う手もあります。

そうして基礎の基礎を学んで初めて、科学系の教養新書に手を出す。新書もテーマによってレベルは多様なので、内容が確実にわかるものを選び、しだいにレベルを上げていく。そのような読み方をお勧めしたいと思います。

5章

社員が頑張り、会社を信頼する職場

社員をできるだけ平等に扱う

社員が「この会社で働きたい」「この仕事を頑張りたい」と思うには、その会社や組織への信頼が重要です。「頑張って結果を出せば、会社は必ず報いてくれる」「何かあっても、会社は自分を見捨てない」。そんな信頼があるから、会社のために一生懸命働こうともなります。

その意味で経営陣は、社員を「お客様」という視点で捉える必要があります。「社員は自分たちが守る」という覚悟です。

私がキヤノン電子の社長に就任した頃、工場で働く人たちには正社員以外の雇用形態がいくつもありました。

作業内容は同じなのに、パートや契約社員など何種類にも分かれていました。これを私は正社員だけにしました。勤務時間などの問題で正社員を望まない人は、辞めていきました。

雇用の一本化は二〇〇八年のリーマンショックを機に行ったものですが、それ以前から正社員とそれ以外の人たちは、できるだけ平等に扱うようにしていました。たとえば二〇〇四年にキヤノン電子の創立五〇周年記念として、キヤノングループの社員全員にインクジェットプリンターを贈呈したときのことです。

ある工場長が「正社員以外にはあげる必要はないのではないか」と言い出しましたが、「全員に配る」と退けました。同じ仕事をしながら、正社員ではないからといって記念品を受け取れない。これでは会社のために頑張ろうという気持ちが萎え、それはそのまま不良の発生率の高さにもつながります。

社員の中には、働きだして間もない人もいました。「彼らには渡す必要はないのではないですか」という声もありましたが、やはり渡しました。入社歴が短いというだけで、ほかの人と同じ扱いを受けられない。これもまた仕事へのやる気を奪うもとです。「どんな社員であれ、一律に配る」と答え、そのようにしました。

六〇代の社員も大切な戦力

またキヤノン電子では、高齢者雇用に積極的に取り組み、「同一労働同一賃金」を基本に、六〇代以上の社員に多く働いてもらっています。とくに宇宙事業を立ち上げたときには、大手メーカーを定年退職したエンジニアに多く参加してもらいました。当初のエンジニアの平均年齢は、六四歳ほどでした。

六〇代の人を多く採用したのは、この年代の日本のメーカーの人は基礎がしっかりしているからです。エンジニアは、入社して五年ほど死に物狂いで勉強しなければ、生き残ることはできません。定年までしっかり働いてきた人は、間違いなく優秀です。

しかも彼らは長年、組織で働いてきました。若い研究者の中には、優秀だけれど、チームでの仕事が苦手な人もいます。そこにベテランのエンジニアが入ると、スムーズにチームが回るようになるのです。

若い人をリーダーにして、ベテランが補佐する形を取れば、組織もうまく動きます。若い人も組織について学ぶ、よい機会となります。

宇宙事業だけでなく、他の部署にも六〇代で部門のトップを務めている人がいます。キヤノン電子の定年は六〇歳ですが、六五歳まで再雇用制度があり、希望すればその後も働き続けられます。六五歳を過ぎて働いているのは、みんな周囲から「辞められては困る」と思われている人たちです。

定年後の再雇用とはいえ、大半の会社が行うような、給料を大幅に減らすことはしません。「同一労働同一賃金」で、手当てなどを除けば、給料はほとんど変わりません。年齢ではなく仕事内容に対して賃金を払うことで社員同士の信頼が築かれ、組織もうまく回るようになります。

一番偉いのは、工場で働く現場の女性

いまでこそ「社員はみな平等」と当たり前のように言っていますが、そう考えるようになったのは、じつはキヤノン電子の社長就任以降です。それ以前は現場で働く人に対し、そこまでの思いはありませんでした。

キヤノン時代に生産現場でも働きましたが、いつも上から目線で現場の人たちを見ていました。「考えることは俺がやるから、お前たちは黙ってついて来ればいい」というのが、当時の私の考え方です。

変わったのはキヤノン電子に来て、「本当に偉いのは誰か」に気づいたからです。キヤノン電子は本社と工場が同じ敷地にあります。毎日工場で働く人たちと接してわかったの

は、一番頑張っているのはとくに四〇歳を過ぎた女性たちだということです。

開発の人間が渡す設計書には、しょっちゅうミスがあります。書き直しを待って生産を再開するのですが、彼女たちは「子供を迎えに行かなきゃ」と言いながらも、残って働いてくれます。

とりわけ秩父の女性は真面目で、亭主にも尽くします。亭主がどんなに夜遅くまで飲んでも、必ずクルマで迎えに行きます。そして早朝から家族に対する朝の準備をして、出勤するのです。

こうした姿を見るにつけ、自分の思い違いを恥じました。「特許を何百件取ったからこそ現場の人間の生活がある」「現場の人間を守っているのは自分たち」というのは間違いで、本当に会社を支えているのは彼女たちです。

彼女たちには選択肢がありません。上から「こうやりなさい」と指示され、それに対し一生懸命応える。設計のミスで不良が出ても、現場の人間は口を出せません。「こうじゃないか」と思うところがあっても、言える立場にないのが彼女たちです。

彼女たちに比べれば開発の人間など、ずいぶんいい気なものです。そもそも職場自体、地元の工場で働くしかない彼女たちと違い、彼らには転職先がいくらでもあります。

全社員が集まる場で私はこれまでの思い違いを認め、「現場の人たちは絶対に守る」と伝えました。「ただし管理部門や開発・設計の人間で、サボっている奴は容赦しない」と釘を刺し、以後これが私の経営方針になっています。

海外にむやみに工場を持たないのも、雇用を守るためです。キヤノン電子が開発したスキャナやハンディターミナルなども、すべて国内で生産を継続しています。

社員にも「あなたたちを守るため、キヤノン電子は、賃金が安いからといって海外に出ていかない」と伝えています。以前は海外進出を唱える幹部もいましたが、理由を聞いて納得してくれました。

中国など賃金の安い国で生産すれば、利益も増えるでしょう。しかし国内の社員はその分、解雇することになってしまいます。それよりも国内にとどまり、みんなで頑張って生産性をあげて稼げばいいと考えました。

それまで以上に経営効率化に努め、また自社開発した新製品の市場参入に力を注ぎました。これが小型射出成形機や小型三次元加工機、生ゴミ処理機、情報漏洩防止ソフトの開発などにつながりました。またいまや、小型三次元加工機の技術を使って、歯科用加工機の開発へ発展させ、二〇二〇年一月より本格的に売り出すまでに至りました。工場の海外移管をしなくても、知恵と努力で利益を確保することはできるのです。

女性ばかりの工場で学んだこと

いま工場の生産ラインで働く人は男性も多いですが、かつては女性が大半を占めていました。キヤノン時代、開発の責任者として茨城県の取手工場にも頻繁に通っていたときは、約五〇〇人の女性が働いていました。

そのため毎月のように結婚式があり、私も上司として出席しました。公務のようなものですが御祝儀代は経費扱いされず、自腹を切っていたのでボーナスのほとんどが御祝儀代に消えるほどでした。

ここで私が学んだのは、「女性は一〇人集まれば、一〇の派閥ができる」ということです。男性社員は長く会社に勤めるつもりなので、できるだけ周囲に合わせます。女性の場合、当時は結婚退職する人も多く、入社後数年もすれば会社を辞めることが前提でした。そこまで我慢の必要がなく、個性をそのまま出している人がたくさんいました。これは一〇の派閥があるのと同じです。

そうした職場では一人だけを褒めると、残る九人が反発します。五〇〇人もいれば気の使いようもなく、褒めるときは五〇〇人を集めて全員を褒めていました。ある人を褒めたいときは、全員を褒めたあと、「とくに彼女は、この点がよかったです」と褒める。これが一番いいやり方です。

この工場でもう一つ、学んだことがあります。私は開発・設計部門の人間なので、工場へ行くと「この製品の設計図を作った人が来た」と、概ね歓迎されます。ところが中に一人、私に何かとつっかかってくる三〇代半ばの女性がいました。私に覚えはないのですが、私が彼女を無視しているというのです。

彼女はチームの班長で、彼女とギクシャクすることで、仕事にも支障が出るようになりました。私はノイローゼになりそうなほど、彼女との関係改善に悩みました。そんなある日、通勤電車の中で新聞の人生相談を読むと、ある女性から次のような相談が寄せられていました。

「班長の男性からいじめられるので、会社に行くのがつらいです」

私と同じような悩みを抱えている人がいると思いながら、翌週に掲載された回答を読むと、そこには「あなたの心構えがよくない」と書かれていました。「その班長が好きだと毎朝家を出る前に言いなさい。今日はあの人のお世話になるんだ。私も恩返ししなきゃいけない。そういう気持ちで接しなさい」と。

さらに一週間後、相談者からの返答があり、回答に従ったところ、班長が話し合いの場を作ってくれたそうです。「あなたの態度が変わったので、私も話し合いがしたいと思った。私も悪気はないけれど、あなたに誤解される態度を取っていたかもしれない」。そんな話になり、以後二人の関係は改善されたそうです。

この話を読んで私も同じではないかと思い、彼女と話してみることにしました。食堂でお茶を飲みながら、新聞の人生相談の話をして「あなたと私も同じじゃないか？」と聞くと、まさに「そのとおりです」という答えでした。

「ならば簡単な話で、私も最初の言い方が悪かったかもしれないが、お互いその気はないのだから、これからはうまくやっていこう」。そんな話をして、以後はうまく行くようになりました。

女性ばかりの工場を経験したことも、私が「会社で一番大事なのは生産ラインで働く女性たち」と気づいた一因のように思います。

上も下も「さん」付けで呼んだキヤノン

「会社で一番大事なのは現場の人たち」と思えたのは、私が昔から誰とでも同じ目線で接してきたこともあるでしょう。新入社員時代から、相手が社長であれ誰であれ、同じ目線でぶつかるようにしてきました。外国人相手でも真正面からぶつかり、納得できないことは「納得できない」と言っていました。海外ではこういう態度をする人のほうが信頼され、好かれます。

私が若い頃のキヤノンでは、職制で呼ぶことを禁じていました。たとえば賀来さんを「賀来社長」と呼ぶと「誰だそれ?」と言って返事をしてもらえませんでした。山路さんも「山路副社長」と呼ぶと、やはりそっぽを向かれました。

さらには上司も部下も「さん」付けと決まっていて、部下や後輩も「君」ではなく「さん」です。山路さんからも「酒巻さん」と呼ばれ、最初は慣れずに閉口しました。こうした社風が、誰とでも対等に接する気質を作ったのかもしれません。

私より五歳上の、現在のキヤノンの御手洗冨士夫会長にも、昔からそうした態度で接してきました。先日ちょっとした口論があったときも、一緒にいた外部の人が驚いていました。私が「たまには私の言うことを聞いてくれてもいいじゃないですか！」と言うと、「お前は俺の言うことを聞いたことなどない！」といった調子で、「酒巻さん、大丈夫なの？」と心配されました。

上とぶつかるときは、それぐらいの構えで向かわないとダメで、自分の命をかけるつもりでぶつからなければ意見を通すことはできません。

御手洗会長も私の気性は十分承知で、キヤノン電子社長に就任した際、反対派から怪文書が届いたときも、「物事にはほどほどがよい場合もあるぞ」と諭しつつ、「どうせお前は徹底的にやるだろうけどな」と笑って私のやり方を認めてくれました。

「ピカイチ運動」で能動的な社員を作る

このように私は、キヤノンの社風を感じながら、社員を大切にし、信頼を得るよう考え、動いてきました。そしてここからは、キヤノン電子の社長として、社員の能力とやる気を高めるために実践してきた、具体的な取り組みを紹介していきたいと思います。

先に述べたように、キヤノン電子の社員はいま、とても頑張ってくれているのですが、私がキヤノン電子に赴任した当時、気になったことがありました。指示待ち・命令待ちの社員が多いということです。

そこで、自分で考え、動く習慣をつけようと始めたのが「ピカイチ運動」です。四人から五人のチームを作り、それぞれがテーマを決めて、実現するにはどうすればいいかを考えさせるのです。

仕事とは関係ないテーマを選びます。それも「世界で一番になる」「ピカっと光る」、そんなテーマを考えてもらいました。

当時は二〇〇〇人ほど社員がいたので、五〇〇チームほどできました。見返りがないとやる気にならないので、成果を出したチームに報奨品を出すことにしました。

最初に成果を出したのは、「世界で一番早く出社する」というテーマを掲げた四〇代の女性たちのチームです。

他の社員より早く来て、ラインが動き出すまでに不良が出ないよう事前準備をするのですが、それ以上に感心したのが、実現させるための取り組みです。彼女たちはみな家庭の主婦で、夫や子供がいて、さらに舅や姑がいる人もいます。今までよりも早く家を出るためには、彼らの理解が不可欠です。

最初に説得を試みたのは子供で、子供はすぐに納得するそうです。「朝起きたらお母さんはもう出掛けているけど、ご飯もおかずも準備してあるから、お弁当はこう詰めて持っていきなさい」などと説明し、何度も実践させる。すると一カ月ぐらいで、一人でできるようになります。

次が夫で、夫は命令調で言えば素直に従います。舅も意外に嫁の言うことに素直で、やり方を教えると、やがて覚えてくれます。

最大の難関は姑で、姑を説得するのに何カ月もかかる人もいて、一年近くかけてようやくチームの四人全員、家族みんなが協力してくれるようになったと言います。

この話に感動した私は、課長以上を全員集め、彼らの前でリアルなエピソードを発表してもらったところ、彼らも感動して、以来ピカイチ運動に非常に協力的になりました。また「表彰されると報奨品がもらえる」という噂が広まり、他の社員たちも積極的に関わるようになりました。

一年ほど経って、あまりに早すぎると思い、「もう少しゆっくりにしてくれないか。それでも十分早いから」と打診しました。

朝の挨拶が製品の不良を減らす

彼女たちの話に感動した秩父工場の管理職のチームが、「世界で一番よい挨拶」というテーマで、腰の角度などを研究して毎朝出勤してくる社員たちへの挨拶を始めました。もともと、他の工場の管理部長が一人で始めていたのですが、自分たちも真似をしようと始めたのでした。

それまで秩父工場の社員たちは、人にぶつかっても謝らないほど挨拶をしませんでした。それが、彼らが一生懸命挨拶することで、他の人たちも真似するようになっていきました。

工場全体が挨拶をするようになると、製品の不良が減ります。「おはよう」と声をかけあうことで、仲間意識が生まれるからです。

挨拶の大切さをつくづく思い知ったのは、ドイツのフランクフルトから五〇キロほど離れたギーセンの工場に長期出張したときです。われわれがどんなに一生懸命に挨拶しても、誰も応えてくれないのです。

非常に不快な態度でしたが、ある出来事をきっかけに急変しました。偶然、私が設計した商品がラインに流れていて、これがトラブルを起こしたのです。工員たちが大騒ぎしているところへ行ってトラブルの原因を説明し、こうすればいいと実際にやってみせたところ突然、尊敬の目を私に向けるようになりました。

設計者だけど、現場もよくわかっていて、トラブルも解決できる。そんな人が来ているということで、翌日から朝出社すると、みんな挨拶をするようになりました。このとき気づいたのが、挨拶は「あなたを受け入れます」という意味だということです。

挨拶をしないのは、相手に対する反抗でもあります。挨拶をするようになって不良が減ったのは、ドイツも同じです。いままで不具合を感じても、素知らぬ顔で隣に渡していた人が、最良の状態で隣に送ろうと考えるようになったからです。

さて、話は秩父工場に戻りますが、管理職のチームが始めた「世界で一番よい挨拶」は、開始から一年後に全員が挨拶をするようになる、という成果を生みました。

ピカイチ運動では、ほかにも「紙資料の整理整頓で世界一」「電話の応対で世界一」「実験室の整理で世界一」など、いろいろなテーマが出ました。なかには太りすぎを気にした男性四人組が「体脂肪率を一桁にする」というテーマを掲げ、いっこうに達成できないというケースもみられますが、「能動的に考える」「工夫して動く」といった当初の目的が成功したことは確かです。

褒めるときはチーム単位

ピカイチ運動であれ、仕事であれ、結果を出したチームに対しては、表彰することが大事です。人は承認を求めて生きる生き物で、結果を出したときは、それが承認されることで、次の課題に向かう新たなモチベーションとなります。

ここで注意したいのは、表彰はチーム単位、部署単位で行うということです。たとえ突出した一人が頑張った結果でも、結果を出したのはチームです。一人を褒めたのでは、周囲の嫉妬を買うもとです。

とくに仕事の場合、優秀な一人が頑張った場合でも、周囲のサポートなしにはできません。チーム単位で表彰することで、チーム間の仲間意識も高まると同時に、チーム同士の競争心が芽生え、他のチームを発奮させることにもつながります。

表彰に際して、キヤノン電子では表彰状やトロフィなども用意します。さらに大きな目標を達成したチームには、家族宛てに牛肉や海産物などの高級食品を贈ります。

食品には「あなたのご主人の素晴らしい仕事のおかげで、会社の業績が上がりました」などと書いた手紙を添え、社員が家族から一目置かれるようにしています。独身の社員の場合は実家の両親に贈り、子供の活躍を知った両親にも喜んでもらうようにしています。

また社員全体のやる気を高める工夫として、当期の利益率の目標を、達成できそうな数字より、少し低めに設定しています。先期の実績が一三パーセントだった場合、当期は一三・六パーセントに増やせそうだとしても、一三・三パーセントにとどめるといった具合です。

そして利益率が目標を上回ると、その分を年に二回のボーナスとは別に、クリスマス前に現金で支給します。より成果を上げた社員には多めにするなど、貢献度により額も変えるようにもしています。

三峯神社の再建を誓う

引き続きもう一つ、社員の意識とやる気を高める動きを紹介します。

キヤノン電子本社のある埼玉県秩父市には、三峯神社という日本神話の英雄・日本武尊が創建したとされる由緒ある神社があります。最近はパワースポットとしても人気です。

私は三峯神社が二〇〇四年に創建一九〇〇年を迎えるにあたり、記念事業の奉賛会長を務めました。先に述べたようにもともと神社仏閣巡りが好きですから、地域に愛されている神社を見ると、やはり敬虔な気持ちになります。

三峯神社を最初に訪れたのは、キヤノン電子の社長に就任した一九九九年です。初めて見た三峯神社は、その壮大さに感動する一方、山門や本殿は漆塗りがはげ落ち、土台も腐り果て、その姿に衝撃を受けました。どんなに由緒ある神社でも、手入れが行き届いていてこそ、人はありがたみを感じます。

そこで二年目から奉賛会を立ち上げ、友人や知人に話して寄付を募って七億円ほど集めました。そのお金で京都から漆職人を呼んで、外壁を塗り直したり、金箔を貼り直すなどして、かつての姿に戻しました。おかげで人が集まるようになり、パワースポットとしても注目されるようになりました。

余談めきますが、神社やお寺を維持するため、集金が重要なのはどこも同じです。それに気づいたのは母とさる神宮に参拝に行ったときです。母の脚が弱っていたこともあり、到着は閉門ギリギリ、一〇分前になってしまいました。母は自分の蓄えを寄付したいという目的もあり、受付のところで事情を話して「拝観はけっこうなので、寄付だけをさせてもらえませんか」と尋ねました。

すると「ちょっと待ってください」と奥へ引っ込んだかと思うと、事務総長のような人が出てきて「大丈夫です。門は開けておきます。ゆっくりご覧ください」と中に入れてくれました。

別の神社に妻と行ったときは、すでに閉門時間で宮司さんが掃除をしていましたが、やはり「寄付をしたい」と申し出ると、「好きなところを見て行ってください。どこでも開けますから」と国宝が安置された場所まで案内してくれました。

三峯神社への寄付を募る際もいまのような話をして、最後に冗談めいてこんなことを言いました。

「最近は神様も非常に貧しくなっているので、寄付の額を多くしてくれれば優先的にお願いを聞き届けてくださいますから、ぜひお願いします」。みんなドッと笑い、私が寄付を頼むときの格好の話題になっています。

じつは三峯神社の再建は、私が神様にした約束でもあります。赤字同然だったキヤノン電子の再建を誓い、「黒字になれば神社を全部建て替えますから、ぜひ神様も私に協力してください」と頼みました。

そして二年目に奉賛会を作り、三年目に黒字化を果たしました。そして四年目から改修作業を始め、以後ずっと奉賛会長を務めています。

環境への貢献を社員が実践

このご縁があって、キヤノン電子では三峯神社周辺の森の整備を定期的に行っています。自然を大事にすることは、自分を大事にすることにつながります。地元以外から来ている社員も多いのですが、秩父で働きはじめ、三峯神社や地域の人たちとの交流が増える中で、秩父を愛する気持ちも芽生えています。

二〇〇五年からは新人研修として、裏秩父の荒川上流域の森林地で植林や下草刈り、枝打ち、間伐などの一日体験を始めました。

環境学習の一環で、実際に山に分け入ることで豊かな保水能力をたたえる土壌に触れ、一方で散乱する倒木や山肌の崩落など荒廃が進む森の現実を知ることができます。山の急斜面での植林や下草刈りにより、奥深い山の中で緑を守る大変さも学べます。

さらに二〇〇八年からは、「三峯千年の森」活動として、三峯神社の参道脇にシャクナゲなどの植林を行っています。

肥料に使う堆肥は、キヤノン電子で製作した生ゴミ処理機で作ったものです。社内のゴミ減量化の一環として、社員食堂で発生する生ゴミを減らすために試作し、これを業務用として製品化したのです。

バイオテクノロジーを活用した有機質成分の分解と、温風乾燥によるハイブリッド方式で、脱臭・清潔・低コストが特徴です。環境保護に熱心な三峯神社の宮司さんが、弊社の製品を購入してくださり、使用しています。

社員の言葉で始めた夜祭の復興

なお、秩父市には三峯神社のほかに、秩父神社と宝登山神社という由緒正しい神社があります。この三社を合わせて秩父三社と呼ばれています。

そして秩父神社は、冬に行われる夜祭で有名です。二〇一六年にユネスコ無形文化遺産に登録され、国指定の重要無形民俗文化財でもあります。三〇〇年以上の歴史を持ち、祇園祭、高山祭とともに日本三大曳山祭りに数えられるものです。

もっとも私が秩父に来た頃は、往時の賑わいはありませんでした。そこで社員と協力し、地域貢献として夜祭の復興を手伝いました。さらには、祭りのクライマックスの一つである、花火の打ち上げに協賛しました。

夜祭への協力を始めたのは、社員の話がきっかけです。

「秩父神社でお祭りがあっても、キヤノン電子はちっとも協力しない」。小学生ぐらいの子供がいる家では、そういう話を同級生たちから聞くそうです。その子の母が家で言っているのでしょう。地元の人たちも夜祭が廃れるのを悲しんでいることを知り、キヤノン電子が協賛をして、澄んだ冬空に大輪の花火を盛大に咲かすことで、お祭りを復興させようと思ったのです。

今では、週末に重なるときは、三〇万人を超える見物客が訪れるほどになりました。

地元の行事に一生懸命関わると、仕事も丁寧になります。人間的にゆとりが出るからです。仕事だけに縛られるのではなく、地域の行事も楽しむ。会社が後押しすることで、安心して参加できます。

まず地域を愛する。その次に国を愛し、最後に自分を愛する。先の二つを愛さないと、自分を愛することもできません。これは私がキヤノン電子に来て以来、つねに言い続けていることです。だから地元の神社や祭りも大切にします。

地域の人たちが応援してくれる企業に

他の工場でも、キヤノン電子がお金を出し、お祭りに協力しています。周囲にある他の企業の工場は、本社は別にあり、地域のお祭りにそこまでお金を出せません。そこでキヤノン電子がお金を出して、協力しています。これが呼び水となり、他の企業や工場も参加するようになりました。

ほかにもマラソン大会をはじめ、地域の活動にいろいろ参加しています。企業の人間が始めると、いままで恥ずかしがって参加しなかった地元の人たちも参加するようになります。キヤノン電子にも地元の人がたくさん勤めているので、「俺もやらなきゃ」と積極的に関わっています。

また、社屋の庭の手入れ、屋上の美化なども積極的に行っています。きれいになったキヤノン電子のビルを見て、隣の会社も古くなったビルの改修をするという効果もありました。またキヤノン電子では本社・工場ともに国旗を掲げていますが、これを見て国旗を掲げるようになった会社もあります。

日の丸は日本を象徴する旗ですから、日本の企業として掲げるのは当然です。会社を愛することも大切ですが、国を愛することは大事で、その意味では社歌は覚えなくてもいいよと、社員に言っています。社歌はいつ変わるかわかりませんから。

そして地域経済を支えるため、臨時ボーナスを地元のスーパーなどで使える商品券で支給することもあります。先に述べた年間の利益率が目標を上回ったときに支給するボーナスで、これを地元で使ってもらおうというわけです。

地域を愛し、地域への貢献活動をすることは、地域に愛されることにもなります。たとえば夜に工場を稼動させていると、「うるさい」とクレームが来ることがあります。するとクレームを聞きつけた人が、逆にわれわれを応援してくれます。

「こんなに地域のために活動してくれているのだから、キヤノン電子のために多少は我慢してもいいだろう。仕事をしているのだから、少しぐらいうるさいのは当たり前だろう」

というわけです。

社員のほうも地域に関わる活動をすることで、周囲に気を使うようになります。迷惑にならないよう操業時間を変えたり、配置を変えたりしました。すべて社員からの提案によるものなのです。

「立ち会議」が議論を活性化させる

さらにキヤノン電子では、社員の能力を高め、皆のコミュニケーションを活性化するため、会議はいつも立って行っています。最初に始めたのは、会議時間を短縮するためでした。

私がキヤノン電子の社長に就任したとき、社長、役員、事業部の責任者などからなる経営会議は朝八時から始まり、昼休みの一時間をはさんで夕方五時までの八時間、これを二日行い、計一六時間も費やしていました。しかもこれが月に二回ありました。

それでも生産的な話し合いになればいいですが、ただダラダラと長いだけの会議が大半でした。

そんなときに出会ったのが、アメリカの大学がＮＡＳＡと一緒に行った実験結果です。

座っているときと立っているときで、どちらがアイデアを出しやすいかを調べたもので、アイデアの中身はどちらも同じでした。ただしアイデアを思いつくスピードが、立っているときのほうが三〇パーセント以上速かったのです。

そこで、立ったほうがアイデアが速く出るなら、会議も立ってやればいいと考え、「立ち会議」を思いつきました。会議室から椅子をすべて撤去し、会議机は脚の部分に手作りの三〇センチほどのゲタを履かせ、高さを一メートルほどにして、立っても使いやすいようにしたのです。

いざ始めたところ、みんな会議を早く終わらせたいので、議論が活発化するようになりました。立ちながらの会議なので、居眠りする人もいなくなりました。結果として一六時間かかっていた経営会議が四～六時間で終わり、最大七五パーセントの時間短縮です。

さらにオフィスや工場にも、ちょっとした打ち合わせをすぐにできるよう、脚の長い高めのテーブルと、ホワイトボードをあちこちに置きました。ちょっとした打ち合わせをしたいとき、いちいち会議室を予約するのは面倒です。「それなら、またあとで」ということにもなります。

それを防ぐため、必要なときにすぐその場で打ち合わせができる、立ち話用会議机なのです。椅子のスペースが不要な分、狭いスペースでも置くことができるメリットがありました。

オフィスのスペースに合わせて四～五卓ほどあり、早いもの勝ちで使いたい人が使います。打ち合わせはたいてい五～一〇分ほどで終わるので、空きがなくて困ることはほとんどありません。また、二～三人での打ち合わせが主流になるので、周囲に迷惑を掛けるほど大声にはなりません。聞かれて困る話のときは、オフィス内に設けた小さな会議室を使います。

さすがにお客様との立ち会議は失礼なので、お客様用に座っていただける会議室もあります。最近は立ち会議と併用できるよう、脚の長さを調節できる机を使用し、会議に合わせて昇降させています。

立ち話で若手も話しやすくなる

立って話す習慣は日本ではあまりありませんが、欧米では珍しくありません。イギリスのパブに行くと、椅子席があってもカウンター横で立ったままビールを飲んでいる人をよく見かけます。立ってワイワイ話すのが好きなのです。

またアメリカのオフィスでは朝食用のパンが準備され、立って食べながら前日の報告やその日の打ち合わせなどをします。

立って話をするメリットとして、目線の問題もあります。キヤノン電子では外部の人が驚くほど、若手も積極的に上司に意見をぶつけます。父親より年上の上司にも平気で反論するのです。

先日も宇宙工学が専門の大学の先生をお招きしたところ、若手も上司も一様に質問攻めで、こんな会社は珍しいと言われました。普通の会社では、上司が質問すると若手は黙っていることが多いようですが、キヤノン電子の若手は「いまの質問は間違っているんじゃないですか」などと発言します。「このような議論が活発な場所で話すと、私も楽しいです」と喜んでおられました。

これは、常日頃からの立ち机での習慣から来ているものでしょう。一般的には、若手が上司に話をするとき、上司は椅子に座り、部下が立って報告する形が多くなります。若手は上司に下から見上げられると、威圧感を感じて話しにくいものです。しかし、同じ目線になると話しやすくなります。

そこで立ち机です。お互いが立っていて上司と若手の目線が同じならば、若手も物おじなく話せるようになります。

なお、立ち机を使うのは、会議や報告のときだけではありません。工場併設の事業所の社員は、すべて立って仕事をします。これは管理部門と生産現場に生じやすい、心理的な壁をなくそうと考えたものです。

事務職の社員には、自分たちのほうが現場で作業する人たちより偉いと勘違いする人もいます。現場の社員が訪ねてきたとき、椅子にふんぞり返ったまま応対する人もいました。そんな態度では事務職と現場の人たちとの間に壁が生じ、円滑なコミュニケーションを阻害します。これはそのまま、事故やミスに直結します。

事務職も立ち作業にした効果は、すぐに現れました。それまで生産現場から何か情報が届いても、立つのが億劫だからと腰を上げなかった人が、すぐに現場に赴くようになりました。ずっと立ったままより動いたほうが楽でもあり、これが事務職のフットワークを軽くしました。

その結果、コミュニケーションを取る機会が増え、問題解決の精度とスピードが上がり、生産性の向上につながりました。

会議をより有意義なものにする二つの方法

立ち会議は会議の時間を圧倒的に短くしましたが、さらに会議をより有意義なものにする方法を二つご紹介します。一つは「〜だろう」「〜と思います」発言の禁止です。「○○が言っていたから、〜だろうと思います」といった発言ほど、無責任なものはありません。データなどに基づき、自分で正しいと思ったうえでの発言なら聞く気にもなりますが、「〜だろうと思います」といった主体性のない発言では、こちらも判断のしようがありません。

これは私がかつて、フランスの通信機器メーカー・アルカテルと仕事をしたときに学んだことです。キヤノンの通信技術をフランスに売り込むのに際し、彼らと一年近くにわたり活用法を議論しました。

あるとき私が会議で、「たぶん大丈夫だろうと思います」と発言をすると、「それでは困ります」と制されました。「あなたは権限を与えられてフランスに来ているのでしょう。憶測でものを言われたのでは、話が先に進みません」と言われました。

日本ではありがちな「〜だろう」「〜と思います」ですが、言われてみればそのとおりです。責任を持って物事を進めるうえで、こんなあやふやな物言いはありません。

例えば工場の責任者が会議で「部品の全数検査は終わっていますか」と聞かれたとき、「終わっていると思います」では、本当に終わっているかどうかがわかりません。自分で確認したのではなく、別の人間に任せっぱなしにしているから、「〜と思います」という言葉になるわけです。

ところが会議でこういう発言を聞いても、「〜と思います」発言に慣れていると聞き流されることも少なくありません。結果、みんなが「終わっている」と思っていたのに実際は終わっておらず、検査が不完全なまま生産を続け、大変な不良が発生することもあります。

以後、私は会議や報告書で「〜だろう」を使うのを禁じ、部下にも使わせないようにしています。

もう一つは会議を通じて「人脈マップ」を作ることです。会議では、ふだん接する機会のない人の意見を聞くこともあります。意見を聞く中で、誰がどんな分野が得意で、誰と誰が親しいかといったことが見えてきます。これを書き留めておくのです。

たとえば「得意な分野は何か」「どんな性格か」「自分との相性はどうか」「誰に対して発言力があるか」といった具合です。

そして「電機部の○○さんは何年度入社、得意分野は△△、性格は温厚、相性は良い」などと、それぞれについて記した図を作成します。こうした人脈マップを作っておけば、ある分野についての情報が欲しいとき、適切な人をすぐに探せます。あるいはプロジェクトを任されたとき、欲しい人材を上司に進言することもできます。

人脈マップはもともと一流大学出のエリートでない私が、優秀な人材の能力を借りるために考えたものです。自分の苦手な機械、物理、化学、事業計画といった分野をカバーしてくれそうな人材を探し、リスト化しました。

直接会話をする人についても人脈マップを作っていきますが、大勢の人の情報を収集できる会議は、人脈マップを充実させる格好の場となります。

目的を明確にした異動が仕事の幅を広げる

最後にもう一つ、キヤノン電子では社員の能力とやる気を高めるため、人事異動を積極的、戦略的に行っています。

異動にはスキルアップや視野の広さを養うだけでなく、うまく行えば人間関係を円滑にする効果が生じるのです。一方でやり方を間違えると、本人を孤立させたり、自信喪失させることになってしまいます。

異動を通じてさまざまな業務に触れ、知識を得ることは、とくに管理職には必要です。自分は研究職だから営業のスキルは不要というのではなく、幅広い知識を身につけたうえで、一つだけ得意点を持つ。「宇宙工学のこの分野なら、どこと競争しても負けません」というものを持ちながら、幅広い知識があるT型の人間が求められます。

先日、ある研究職の社員から「営業に異動したい」という申し出がありました。理由を尋ねると「研究も好きだけれど、自分で研究して作ったものを売って歩きたい」とのことです。「それなら自分で販売部門を作って、部門長としてやってみろ。その代わり成績が上がらなければ、また研究所に戻す」と言って後押ししました。

いざ立ち上げると、自分から望んだだけあって、研究職しか経験がないとは思えないほどしっかりと動いています。

また私はよく設計部の人間を、工場に異動させます。よい設計をするには、設計の部屋から出ることも大事です。工場で部品を安く買ったり、大勢の工員を管理したり、取引先と話したりする中で、設計者としての視野が広がります。

開発の人間が工場現場をわかっていることは重要で、実際にどう作るかを知らずになされた設計は、現場が苦労することになります。とくに金型は設計しだいで、値段が大きく変わります。現場を知ったならば、各現場に合った金型をいかに安く作るか。そういう発想で考えられるようになります。

私も三〇歳の頃、キヤノンの取手工場の立ち上げに際して異動を命じられ、ここで多くのことを学びました。それまで開発や設計しか知らなかった私が、現場の人たちと一緒になって、工場のライン設計から発注の仕組み作りまで、すべてに携わることができました。

たとえば当時は五〇ワットや一〇〇ワットのモーターは性能が悪く、よく止まったり回らなかったりしました。一社だけに発注すると、トラブルが起きたときにラインが完全に止まります。ある会社から買ったモーターが動かなくなり、ラインが三週間止まったこともありました。

リスクを避けるため、以後は同じ仕様のモーターを二社に発注するようにしました。これなら一社のモーターが故障しても、もう一社のモーターを使ってラインを動かせます。現場を経験したからこそ、こうした危機管理の考え方も身につけられます。

工場勤務と聞いて最初は嫌がる人もいますが、しばらくすると「現場も面白いですね」と言うようになります。総じて優秀な人間を選んで異動させるので、こちらの意図にすぐ気づきます。周囲を見ていずれ戻ってこられるとわかるので、片道切符ではない安心もあるでしょう。

ソフトウェアの開発者も、工場へ異動してもらいます。ソフトウェアと工場は無縁だと思いがちですが、いま工場は自動化が主流で、この場合はソフトが一番重要になります。工場を知っていればソフトウェア開発にも応用が利く。そんな説明をして、何年か行かせます。

工場はみな北関東にあるので、東京本社からの異動は引っ越しを伴います。最近異動させた研究者は共働きのため単身赴任となりましたが、北関東なら月曜の早朝に家を出れば出勤時間に間に合います。金曜も終業後に帰れるので、離れているのは火曜、水曜、木曜の三日間だけです。ふだんとさほど変わらず、むしろお互い新鮮でいいだろう。そんな軽口を言って、送り出しました。

目的を明確にして、「何年になるかはあなたしだいだけれど、行ってマイナスになることはない」と断言して送り出せば、必ず体験を肥やしにして戻ってきます。

また、転勤ではなく、出張で開発や設計の人間を工場に行かせることもあります。現場を見たり現場の人と話す中で、新しい製品を考え、作ることは重要です。現場を知らないと、どうしても発想が地に足の着かないものになります。

東京本社からの出張者が宿泊場所を心配せずにすむよう、工場の一角にテレビもある高級カプセル付の部屋を作りました。美里、秩父工場とも三〇室ほどあり、シャワーも利用できます。遅くまで働き、寮や自宅に帰るのが億劫な人にも重宝されています。

現場への異動で「上から目線」をなくす

開発や設計の人を現場に行かせるのは、彼らの「上から目線」をなくす目的もあります。開発や設計の人間は、とかく自分たちが偉くて、現場を下に見がちです。実際には現場にも優秀な人は多くいて、議論をしてやりこめられるケースも少なくありません。当然そういう人は、現場からもいい印象を持たれません。

そもそも不良や製品事故の七割は設計に問題があるもので、現場のミスは三割程度です。しかもよくよく調べれば、現場のミスのうちの七割も設計に起因しています。つまり生産過程で生じる問題の九割は設計によるもので、純粋に現場の問題と言えるのは一割に過ぎないのです。

ところが開発や設計の人間は、「自分たちは考え抜いて開発している。問題が起こるのは現場に責任がある」と考えます。私自身、開発部門にいた頃はそうでした。それが現場で働くようになり、問題の九割は開発や設計にあることを知りました。

おかげで以後、設計に携わるときは不良が発生しにくい設計、現場で作業しやすい設計を心がけました。問題が生じたときは夜中でも工場に駆けつけ、原因究明にあたるようにしました。

先日もマンネリで伸び悩んでいた開発の人間を、異動で工場勤務にしました。本人は最初はバカにしていましたが、しばらくすると彼らが数学に強いことに驚いていました。生産現場には数学が必要で、開発の人間が忘れている数学の知識を、工場の人間のほうが持っているのはよくある話です。上から目線で見ていた自分を恥じ、以後彼らを見る目も変わったのです。

異動に必要な気配り

活躍を期待しての異動でも、やり方しだいで本人のやる気を奪うこともあります。入社したときから優秀で、「この子は見込みがあるから丁寧に育てなさい」と私から工場長や部長、課長らに伝えていた工場勤務の女性がいました。ところが入社して五年経った頃、彼女が退職したがっていることを知りました。

理由を聞くと、「自分は一生懸命頑張って成果も上げているのに、上司が認めてくれない」と答えました。彼女は新しい商品が来るたびに、そちらへ異動させられていました。「いまの現場で役立たずだから異動になる」と、本人も周囲も思っていました。異動のたびに周囲から冷たい目で見られ、居たたまれないから辞めたいというのです。

実際には上司も彼女に期待していて、彼女は新しい商品のラインの作り方がうまく、それで新しい商品が来るたびに異動させていたのです。それを伝えなかったため、彼女も周囲も誤解したのです。

実際、新しい分野には優秀な社員を出すことが多いものです。とはいえ言わなければ、そのことは伝わりません。むしろ「無能だから」「嫌われているから」と落ち込むことにもなります。

そうではないという理由を本人に伝え、周囲にもきちんと説明する。そうすれば本人も張り切るし、周囲の見る目も変わり、彼女に協力する気になります。

もう一つ、異動について注意したいのは、失敗した直後は避けることです。ある設計担当者の設計に問題があり、このままでは何億円かの損失が出るということがありました。私が指摘して安くする方法を教え、同時に視野を広げるため現場を見学したほうがいいと伝えましたが、なかなか行こうとしません。

工場に異動させる手もありますが、失敗した直後の異動だと本人は「左遷」と受け取ります。しばらく経って、どこに問題があったかを自分で気づき、もっと勉強しておけばよかったと思った頃に異動させれば、異動が次に生きてきます。

異動は嫌がっていても、自分から「工場を見に行きたい」と言い出したときが、いい頃合いです。「工場を知ることも大事」と本人が思い出したときで、実際に工場に行って得るところがあったようなら、次に異動の話が出たとき、その意味を理解するようになります。

このときに降格させないことも大事なことです。部長ならほかの部長の席が空くのを待って異動させる。空きがないからと、次長として異動させると、本人を落ち込ませてしまいます。このような気遣いも重要なのです。

「まずは社員のため」という発想

私がキヤノン電子の管理職によく言うのが、「管理職は自分のことは最後にしろ。まずは社員のため、その次が会社のため、最後に自分のためを考えろ」です。これは私の高校時代の体験から来ています。

私は高校時代に広島を訪れ、原爆で何万人という人が子供も含めて川の中で沈み、死んだという話を聞きました。生き残った人たちで彼らを引き上げ、島の中に埋めたそうです。この話に対して、アメリカへの憤りと同時に、当時の日本の為政者への不信感を抱きました。弱い立場にある女性や子供を救うことができなかったのです。

経営改革の一環として、キヤノン電子では時間、スペース、不良、人・物の移動距離、CO_2排出量などすべてにおいて、それまでの半分にする活動を行っていました。これはいままでの二倍の速さ、二倍の正確さなどを要求するものです。その要求についていけず、正社員の中でも、やむなく会社を去る五〇代の人も、少なくありませんでした。

彼らは長年、キヤノン電子のために尽くしてくれた功労者でもあります。そこで辞めるに際して勤続二〇年以上、五〇歳以上の人には一時退職金とは別に、生活保証金の名目で毎月二〇～三〇万円を支払うことにしました。

一度にまとまったお金を支払うと、気持ちが大きくなって大散財してしまう人が出てくるかもしれません。しかし、月に二〇～三〇万円なら、そういう心配はありません。

また、会社を辞めても毎月二〇～三〇万円入ってくるなら、「そんなに無理しなくても、辞めていいのではないか」という気にもなります。家族も突然収入が途絶えて、不安になることもないでしょう。さらに五年間にわたって会社からお金が支払われることで、会社とのつながりも実感できます。

一方で、会社を辞めたくない五〇代女性に、それまで任せていた業務とは別の仕事を割り当てたりもしました。外注していた清掃業務を自社で行うことにして、彼女にその仕事を任せたのです。

いずれも社内の改革についていけない人たちを救いたい気持ちで進めたことですが、生活保証金をもらった人は、辞めたあとも、おそらく会社の悪口を言わないでしょう。そして、清掃業務に切り替えた女性は、自腹で花を買って社内に飾るほど、意欲を持って仕事に取り組んでくれました。このような、社員のことを第一に考えた施策は、会社のためにもなるのです。

6章

付加価値の高い製品、サービスを生む

儲からない事業でも続ける理由

キヤノン電子の社員食堂で出す野菜は、赤城工場内で作った野菜を使っています。水耕式の植物工場で栽培したもので、これはキヤノン電子が新たに始めた事業の一つでもあります。

赤城で稼働している植物工場は、ある事業を撤退して使わなくなっていた施設を再利用しています。幅が四五メートル、長さが一三〇メートルあり、そもそもが無菌のクリーンルームなので、殺虫剤も殺菌剤も要りません。そのため無農薬で栽培できます。

キヤノン電子では生産性向上に向け自動化技術の開発に取り組み、工場には自社開発した自動機が二四時間・三六五日働いている生産ラインもあります。この自動化技術を活用した水耕栽培型の植物工場です。

植物工場は、天候や異常気象などに左右されず、安定して作物が供給できることから、いま世間から注目を集めています。一方で多くの工程に人手が必要で、人件費が大きな課題となっています。これを自動化により解消しようとしたのです。

土台となるスポンジに水を滲み込ませるところから、種蒔き、噴霧、植え替え、収穫、袋詰め、出荷まで、すべてを自動で行います。まだ開発中のものもありますが、工場規模や生産量に合わせて、作業工数や稼動速度を調整でき、遠隔地からの操作や管理、監視も可能です。

クリーンルームで栽培するので、できる野菜はほぼ無菌です。レタスの場合、冷蔵庫に入れておけば、五〇日は日持ちすることが確認できています。常温でも、夏以外なら三週間ぐらい持ちます。ただし洗うと雑菌が付着し、早く萎びてしまいます。つまり洗わずに食べるのが前提で、サンドウィッチなど業務用で使えば、洗うためのコストを省けます。

じつはこの工場を作ったときは、そこまでのビジネス展開は考えていませんでした。当初の開発動機は「工場を再利用したい」というものでした。そこから浮かんだのが、自動化植物工場だったのです。

ところがいざ工場ができると、レタス一つで得られる利益は三円や五円といったものでした。工場のレタスをすべて合わせても一、二万円にしかならず、開発者たちは嘆いていました。

そこで発想を転換し、自動化して野菜を作って売るのではなく、自動機を売ることを考えたのです。そこから本格的なビジネス展開を始めることにしました。いまでは「植物工場事業」として柱の一つになっています。

利益を度外視しても開発を進めるのは、ある意味、キヤノン電子の気風と言えます。新規事業を立ち上げるとき、儲かるかどうかは二の次で、「こういう製品ができませんか」と聞かれ、面白そうだから作ってみる。「世の中にないんです」と言われると、「じゃあ俺が作ってやる」と考える。多くの開発者たちは、そういう気概で開発に取り組んでいるのです。

この挑戦したい気持ちを「儲からないから」と止めてしまうと、進歩がなくなってしまいます。社内から未知のこと、難しいことに挑戦する意欲も失われていきます。

挑戦のために儲からない事業を手掛けたなら、一方で儲ける事業をやればいいだけです。大事なのは挑戦する気風を絶やさないことで、そこから自動化植物工場のような新規事業の芽が生まれることもあります。

技術者としての名誉が、やる気を作る

二〇二〇年一月にクラレノリタケデンタルが発売を開始した、歯科用ミリングマシン「MD－500」もキヤノン電子が開発したものです。クラレノリタケデンタルは歯科材料の開発・販売などを手掛ける会社で、この製品を考えたのはキヤノン電子の技術者です。

担当事業部長が技術者と一緒になって、「キヤノン電子の工業用加工機を歯科用ミリングマシンに生かせないか」と考えたことが始まりで、そこから歯科治療について調べ、製作に必要な焼き物技術についても調べました。

やがて焼き物はキヤノン電子の技術では無理とわかり、クラレノリタケデンタルと共同開発することになりました。工業用加工機の開発を始めてから試行錯誤を経て、苦節一五年のすえ完成したのです。

新商品を開発しても、大半は新聞で一回紹介されて終わりです。大々的に注目されることは稀ですので、一回の新聞掲載を楽しみに開発する技術者もいます。

一方で特殊な金型や高精度の金型で「現代の名工」に選ばれるなど、具体的な形で評価されている人もいます。なかには、来たるべき東京オリンピックの聖火ランナーに選ばれた人もいます。

いずれにしても技術者としての名誉であり、これが本人はもとより、他の社員のやる気のもとにもなっています。

宇宙ビジネスが優秀な人材を集める

先に紹介した、キヤノン電子の夢である宇宙関連ビジネスについては、残念ながら現在のところ事業として結果を出せているとは言えません。しかしわれわれは、アメリカの企業に頼めば一、二年待ちで数百万円する部品を、はるかに安く、それも短期間で作ることができます。アメリカの宇宙関連ビジネスでは中間業者が多く、その分、費用や時間がかかることもあります。

そこでキヤノン電子の技術者たちは、アメリカなら一、二年かかるところを「三〇日で作ります」と言うのです。これも挑戦で、それを達成するため時間を忘れて働き、私が

「家に帰れ」と言ってもなかなか帰らないほどです。

ではこれで利益が出るかというと、一回限りの注文なので、得られる利益は知れています。一方でロケットの打ち上げでは、道路を作るだけで数十億円などと大変な費用がかかります。

もし宇宙関連ビジネスがなければ、キヤノン電子の経常利益は年間十数パーセントになります。ところが宇宙関連ビジネスを入れると、一〇パーセント以下に落ちてしまうのです。

利益率を減らしてでも宇宙関連ビジネスを続けるのは、技術者のやる気を高めるために加え、よい人材が入ってくるからでもあります。

宇宙開発は、何といっても人類にとっての夢です。宇宙関連ビジネスを手掛けることで、名門国立大学などで航空宇宙工学を学んだ優秀な人たちが入ってきます。ただ実際には、全員を宇宙関連ビジネスの部署に配属するわけにはいかず、多くは他の部署に行ってもらうことになりますが、宇宙関連ビジネスに取り組む会社で働きたいと考える人は少なくありません。

一方、なかには変わり種もいて、「宇宙はいいから別の分野をやりたい」と言って入社する人もいます。つまり宇宙関連ビジネスのおかげで、宇宙関連だけでなく、他の部署にも人材が集まるようになったのです。利益こそ出していなくとも、優秀な人材の獲得に役立っていることは間違いありません。

会社の受付には、超小型人工衛星「CE―SAT―I」搭載の反射望遠鏡を使って撮影した月と土星の写真を飾っています。表面のクレーターのでこぼこまで詳細にわかる月や小さくても環の状態まではっきり見える土星の姿は、宇宙の魅力の一端を垣間見せてくれます。

人工衛星は世界で年に数百基が打ち上げられていますが、低コストで打ち上げられる重さ一〇〇キロ以下の超小型衛星が、民間ではとくに注目が集まっています。なかでも「CE―SAT―I」は、キヤノン電子の極限までムダを省くノウハウを使い、六五キロという重さを実現しています。

また従来の人工衛星が、オーダーメイドが主流で、三~五年の歳月と莫大な費用がかかっていたのに対し、納期が半年~一年、かつ低価格の量産タイプを目指しています。そこには人工衛星を特別なものでなく、誰もが利便性を享受できるものにするという思いが込められています。

「CE―SAT―I」は、低価格・高性能・短納期を目指す小型地球観測衛星の第一号として、インドのサティシュ・ダワン宇宙センターより打ち上げられ、二〇一七年度のグッドデザイン賞も受賞しています。

さらに、搭載したカメラはキヤノン製デジタル一眼レフカメラと直径四〇〇ミリメートルの反射レンズを組み合わせたもので、地上五〇〇キロの軌道上から自動車一台ずつを認識できます。

部品を内製化しているのも特徴で、これまでは高価な外国製しかなかった人工衛星の部品を内製化することにより、大幅なコスト削減を実現できました。宇宙ビジネスがキヤノン電子の挑戦する風土を端的に示す事業であることは間違いありません。

すぐ行動に移せるのが「知恵」

キヤノン電子には「ChiE―Tech」という言葉があります。「カネを使わず頭を使いなさい」という意味で、これはわが社の標語でもあります。

三章で紹介した、若手が作ったクリーンルームもその一つです。知恵を使うことで、数千万円かかるところを数十万円に抑えました。

「ＣｈｉＥ―Ｔｅｃｈ」に必要なのは、文字どおり「知恵」です。誤解されがちですが、「知恵」と「知識」は違います。知識はただ「知っている」ということです。

本を読んで得られるのは「知識」です。たとえば誰かが宇宙関連ビジネスに関する話をしたとき、「ああ知っている」「これからの宇宙関連ビジネスはそうだよね」などと相槌を打つだけなら、それは「知識」です。

「知恵」はそこから発展させて、行動に移すことです。そのビジネスに将来性があると思うなら、そのために必要な人を集めたり、具体的な計画を立てる。人の意見に賛成するぐらいなら、自分がさっさと動けばいいのです。

優秀な大学を卒業した人が持っているのは、知識です。ただ、知識しかなければ、行動には移せません。知識を知恵に変えるために必要なのは経験で、経験を積む中で学習し、仕事で使える知恵になるのです。

一方で、経験を積むだけでもダメです。知識と経験をもとに、深く考察する。一日二〇時間考えていなければ、知恵にはなりません。逆にいえば一日二〇時間考えることで、知識を知恵に変えられます。

知恵には、お金がかかりませんお金は誰にでも使えますが、知恵は頭を使った人にしか使えません。だからこそ知恵を持っていることは大事で、「知識を知恵に変えろ」がキヤノン電子の標語でもあります。

私が若い頃のキヤノンでは、物事をよく知っていて、決断が早い人が尊敬の対象になりました。ベテランでも決断が遅ければバカにされ、若くても決断が早ければ尊敬されます。中途採用で突然入ってきた人でも、決断が早いとわかれば、すぐに尊敬されます。

仕事では「早さ」が重要で、早い決断や行動は知恵がなければできません。だから早い人は、つきあいが短くても「彼なら大丈夫」と信頼されました。

年が上か下か、社歴が長いか短いかといったことでの差別はなく、ひとえに能力勝負です。さもなくばカメラメーカーが複写機など作れません。材料を作るところから始めてゼロックスに打ち勝ったのは、そうした風土だったからです。

「五メートルを三・六秒」で歩く意味

決断であれ、行動であれ、今後はますますスピードが要求されるようになります。時代の変化が、スピードの変化を伴っているからです。

情報機器の分野はとくに顕著で、電気機器は大きく「アナログ」「アナログとデジタルのハイブリッド」「デジタル」に分かれます。一つの電気機器が寿命を迎えるのは、アナログはおよそ二〇年から三〇年、ハイブリッドは五～一〇年、完全なデジタルは二～三年、ネットワークとつながるとさらに早まり数カ月になります。

日本はアナログの時代、つまり一つの製品を作れば二〇年から三〇年は寿命がもった時代に全盛期を迎え、ともすればこの時間感覚のまま仕事を進めがちです。一方、新興国のように、「アナログとデジタルのハイブリッド」や「デジタル」の時代に急成長したところは五～一〇年、場合によっては二、三年、もしくはもっと短い感覚で動いています。のんびり構えていると、新興国に三サイクルも四サイクルも先を越されることになります。

求められるのは迅速な意思決定や製品開発期間の短縮、顧客ニーズへの素早い対応、技術変化への迅速な対応、優れた製品技術の早期開発です。

スピード感が必要なのは経営や開発だけでなく、現場の人たちも同じです。歩く速さと手の速さは比例するからです。そこでキヤノン電子では工場の廊下を歩く速度の目安を、「五メートルを三・六秒」としています。「五メートルを三・六秒」は、このペースで歩いて仕事に取り組んだ場合、八時間働いても疲れない限界とされている数字です。

歩行速度の計測装置を二カ所に設置し、五メートルを三・六秒以内で歩かないとクラシック音楽が流れる仕掛けにしています。生産効率をマックスにするための速度を、遊び心をもって体得してもらおうというものです。

社員は慣れているので、いまではクラシック音楽はめったに流れませんが、工場見学などで社外の人が試すと、ほぼ例外なく音楽が流れます。最大限に能力を発揮しようと思えば、それぐらいの速さが必要なのです。

自分からの提案だから責任を持って取り組める

知識より知恵を重んじる風土は、キヤノン電子においても、私が来る前からありました。ただ自主性がなく、すべて上からの指示待ち、命令待ちでした。キヤノンから出向で来た若い社員も、古くからいるキヤノン電子の社員に遠慮して何も言えない。これを自分から動ける社員にしようと、五章でご紹介したピカイチ運動などを始めたのです。

会議などで使っている立ち机も、じつは私が言い出したのではなく、社員のほうから提案し、これを私が採用するかたちになっています。

アメリカのデータから立って考えたほうが短時間でアイデアが浮かぶと知り、これを私は社員からの提案のかたちで実現したいと考えました。そこで各工場の工場長に会うたびに、アメリカのデータを見せて「座っているより立っているほうが、アイデアが早く浮かぶんだって。面白いねえ」などと話しかけるようにしていました。

ところが、なかなか工場長のほうから「立ってやりましょう」という提案が来ません。そこで次にやったのが、工場のオフィスを狭くし、椅子に座っていると歩きにくいようにするというものでした。

するとオフィスで働く社員から、「ちょっと狭くなったので、椅子をなくして立とうと思うのですが、どうでしょう」という声が上がってきました。「しめた」と思いつつ、「そんなことをして大丈夫？　労働組合からクレームが来ない？」と尋ねると、「私は組合員だから大丈夫です」という答えが返ってきました。

こうした答えが出てくるだけでも、自分から提案したアイデアの強さがわかります。私が言いだしたことなら、皆があれこれ理屈をつけて定着しなかったかもしれません。

自分から提案したことなら、責任をもって成功させようとなります。主体的に取り組む姿勢ができ、それだけ成功もしやすくなります。立ち会議、立ち机が実際に効果を上げたのは、先に述べたとおりです。

「ＣｈｉＥ─Ｔｅｃｈ」に限界はない

「ＣｈｉＥ─Ｔｅｃｈ」により、工場での不良品を減らしたり、ムダを削減した例は、枚挙に暇がありません。そもそも会社には、必ずムダがあります。アメリカのある企業の調査によれば、売上高に占めるムダの割合は、売上高経常利益率が二〇パーセント超の会社で、売上の七〜八パーセントになるそうです。これが一パーセント程度の会社なら、売上の二〇〜三〇パーセントがムダです。

私もキヤノン電子に来て利益を上げるため、会社のムダをいかになくすかに腐心しました。黒字化に成功してからは他社から経営相談を受けることもありますが、総じて多くの会社は全体の二〇パーセントがムダです。売上高が一〇億円の会社なら、二億円が本来なら不要なものに使われています。

知恵を使って二億円の削減ができたとしても、気がつけば新たなムダができてきます。

ムダには際限がなく、これは「ＣｈｉＥ－Ｔｅｃｈ」に限界がないことでもあります。新しい機器を作ったときも、最初はやはりムダが多いものです。生産技術が上がれば、それに応じて見直す部分も出てきます。

「ＣｈｉＥ－Ｔｅｃｈ」の中でも、とくに目覚ましい成果を上げやすいのが内製化です。外注すると、作る側は信頼性確保のために過剰な機能を付けがちです。結果として不要なものまで附属し、高価なうえかさばる機器になります。

「ＣｈｉＥ－Ｔｅｃｈ」を駆使して自分たちで作れば、本当に必要な機能だけを備えたシンプルで使い勝手のいい機器が安価でできます。超小型人工衛星の内製化でコストを大幅削減できたのは、まさにここにあります。

身近なところでは、外注すれば何億円もかかるメッキ設備を内製化で数千万円程で仕上げたこともあります。

芯金メッキ装置も自前で作り、大幅に安く収めました。しかも装置を小型化できたため、設置スペースも四分の一以下となり、水道代や電気料金も大幅に減りました。

内製化でとくに活用するのが、一〇〇円ショップの商品です。私はよく一〇〇円ショップを覗いては、面白い商品がないか探しています。社員にもよく「一〇〇円ショップに行ってアイデアを盗め」と話しています。

もちろん「ＣｈｉＥ－Ｔｅｃｈ」は、内製化だけではありません。最近、業務を大幅に効率化できた「ＣｈｉＥ－Ｔｅｃｈ」は、台車の上に複数の計測器をワンセットにして乗せておくというものです。

生産ラインで不良品が出ると、問題箇所を探すために計測器を使います。故障内容によって必要な計測器は違い、ある計測器でわかることもあれば、別の計測器でわかることもあります。

これまでは、ある計測器で測ってわからなければ、別の計測器を持ってきて調べ、それでもわからなければ、さらに別の計測器を持ってくるというやり方でした。それをある社員が、必要な計測器をあらかじめワンセットにして台車に乗せたらどうかと、提案したのです。

不良品が出たときに使う計測器は、だいたい種類が決まっています。不良品が出たとき台車を持ってくれば、最初の計測器がダメでも、別の計測器をいちいち倉庫へ取りに行く手間が省けます。実際試したところ、それまでの一〇分の一ぐらいの時間で修理できるようになりました。

また計測器は会社で購入したものを使っていましたが、これをリースに変えました。計測器は定期的なメンテナンスが欠かせませんが、これを社内でやったのでは大変な手間です。リースにすれば、リース会社が定期的にメンテナンス済みのものを持ってくるので、その分、人件費を節約できます。

リース代に毎月それなりの費用がかかりますが、購入費用やメンテナンスのための費用を考えれば大幅な節約になっています。これもまた「ＣｈｉＥ－Ｔｅｃｈ」の一つです。

子供の目でものを見る

四章でも述べたように、私は八〇歳になったいまも、マンガが好きで読んでいます。また自宅では全長一メートル以上あるプラモデルを組み立てたり、リニアモーターカーの模型を走らせて、妻から「起動音がうるさい」と怒られたりしています。

「いい年をした大人が子供みたいなことを」と思うかもしれませんが、この「子供みたいなこと」「子供の気持ちを忘れないこと」は、よいアイデアを生み出すことにもつながります。

アインシュタインの言葉に「大切なのは疑問を持ち続けることだ。神聖な好奇心を失ってはいけない」というものがあります。疑問を持ち続け、神聖な好奇心を失わない。これはまさに子どもの心です。

多くのマンガは、子供が読んで楽しめるように描かれています。これを読むことで、子供の頃の気持ちに戻れます。仕事に取り組んでいるときは、まったく別角度の視点や発想が得やすくなります。

子供の頃の気持ちに戻るという意味では、マンガや模型など子供の遊びに限らず、趣味を持つことが大事です。大人になると「趣味」と言いつつ、じつは「道楽」であることが少なくありません。そして道楽が仕事のアイデアに役立つことは、まずありません。

趣味と道楽の違いは、趣味は対象が何であれ、子供の頃と同じ気持ちで親しむものです。それが純粋に好きで、それについて考えるのが楽しいのが趣味です。

「これはどうなっているのだろう」「もっと面白くするにはどうすればいいか」、そんな視点を持っていれば、新しいアイデアもどんどん浮かびます。

一方、道楽では自分の限度を越えて、無制限に高いクルマや骨董品を買ったりしてしまう。民謡の会津磐梯山に出てくる小原庄助さんは、朝寝、朝酒、朝湯が大好きで身上を潰したと唄われますが、まさに同じです。道楽では、身の丈以上にお金を使うことにもなります。

これが趣味なら、使うお金も知れています。プラモデルなら、どんなに高価でもたいした額にはなりません。塗料まで塗れば、完成にさらに時間がかかり、数千円、高くても数万円でたっぷり楽しめます。一つひとつをきちんと作っていくなら、買う数にも限度があります。

ちなみに宇宙関連ビジネスも私の夢であり、いわば私の趣味です。だから会社の利益の範囲でしか、やらないと決めています。宇宙で会社を赤字にすれば、それは趣味でなく道楽になってしまうと自分を戒めているのです。

7章

社員の人間力、能力を磨く教育

若手抜擢の重要性

キヤノン電子社長に就任以来、「世界トップレベルの高収益企業になる」という目標を掲げ、そのために「能動的な社員を作る」ことに腐心していきました。自分の頭で考え、工夫し、動く人ばかりになれば、自然に生産性の高い組織になります。

賃金の安い海外に工場を移管せず、また、すべてを正社員として雇い、それでいて会社として利益を出すためには、一人ひとりの生産性を二倍、三倍と上げていかなければなりません。工場で生産性を上げるためには、不良品を減らすことにかかっています。「不良品をゼロにするつもりで働いてほしい」と、私はよく社員に言っています。

実際、キヤノン電子が利益を出せているのは、不良品が少ないのが最大の理由です。真の歩留り率である直行率は、約七〇パーセントの生産ラインにおいて一〇〇パーセントになっています。つまり生産ラインの七〇パーセントは、検査なしでも問題ないということです。

これは、一九九九年の社長就任以来、一〇年、二〇年とかけて自分から動く社員を作った結果がもたらしたものですが、とくに力を入れたのが若手教育です。見どころがある若手ほど、思い切った抜擢をするようにしてきました。

若手が優れていると思う点は、とにかく真面目に働くことです。経験を積み、五〇歳ぐらいになった人は、「ほどほど」を覚えます。真剣味が薄れ、業者との関係も「なあなあ」になりがちです。

これが若手だと加減がわからず、つねに全力投球になります。たとえばある製造機械メーカーへ改善要求を行うことを、五〇歳ぐらいの社員に任せたところ、一年経っても要求を通すことができませんでした。業を煮やして若手社員に担当させてみると、わずか三カ月で通してしまいました。

本人曰く「これが直らないと、われわれが困るんです」と説明しただけとのことですが、おかしな常識に染まっていないから、できたとも言えます。

入社早々の社員を海外に行かせる

さらに、若いほど周囲からかわいがられ、教えてもらいやすいというメリットもあります。少し前に英語が堪能で優秀な女性社員が二人入社してきました。一人は数カ月の工場実習後、宇宙事業部門に配属され、一年目で上司と一緒にイギリスへ出張に行かせ、最先端の宇宙開発の取り組みについて学ばせました。

彼女は事務職としての採用でしたが、技術についても一定の理解を深めてもらい、かつ販売力や交渉力のある人間に育てようと考えました。イギリスにはキヤノンヨーロッパの本社があり、そこでサポートをしてもらいました。

入社して早々に行かせたのは、若い人ほど吸収が早くいろいろと教えてもらいやすいからです。それなりに経験を積んだ人間が行くと、警戒されて、なかなか深いところまで教えてもらえません。これが何も知らない状態の新人なら、先方も教える喜びがあり、意外とどんどん教えてくれます。

もう一人の女性は、アメリカへ派遣しました。キヤノン電子がアメリカ市場で力を入れている、ドキュメントスキャナーの販売が目的です。こちらもキヤノンUSAの責任者に任せ、販売を通じてアメリカ流の交渉術やアメリカ人の考え方などを学ばせることにしました。

新人を行かせることに「まだ早い」という声も上がりましたが、早いうちに行くからこそ、多くのことを学べます。若いうちは周囲から大事にしてもらえます。本来なら立ち入れないところに入れてくれたり、連れて行ってくれたりすることもあります。

ふつうなら教えないことまで教えてくれるので、進歩が極めて速いです。その利点を生かすためにも、若いうちから行かせたほうがいいのです。

キヤノンでも昔から、若手を抜擢して海外に派遣していました。とりわけ記憶に残っているのが、私が面接をした女性です。帰国子女で英語が堪能なうえ、成績も非常に優秀で、若いうちから学会や技術提携先の企業に頻繁に海外出張させました。

その経験を活かし、どこへ行ってもつねにトップの成績で、アメリカで医療機器の社内ベンチャーの経営を任されたりもしました。いまはさまざまな新製品の企画・販売に力を発揮しています。

海外へ行くには、会社に認められる必要があります。海外を目指す人には、彼女の活躍が仕事や勉強に励む動機にもなっていました。

若手育成は日本のためでもある

若手がやる気になるのは、もちろん海外派遣だけではありません。私はキヤノン時代から、なるべく若手にポストを与えるようにしていました。

事業部長時代、三〇代半ばと四〇代半ばの社員のどちらを課長にするかで議論になったことがあります。このとき私は「若い人にやらせたほうが大きく変わる可能性が高い」と、三〇代半ばの社員を選びました。

もっとも三〇代半ばで課長を務めたこの男性は、その後キヤノンを辞めてベンチャー企業を立ち上げました。若くして管理職になった人には、じつは独立して起業家になる人が少なくありません。私の部下にも、ほかにベンチャー企業の経営者になった人がたくさんいます。

これは、キヤノンからすれば人材の流出ですが、広く日本社会全体を考えれば人材育成に大いに貢献しているとも言えます。ベンチャーとして成功した暁には、いい取引先にならないとも限りません。

そういう人にも送別会を開き、「何かあったら助けるから」と伝えて連絡先も聞いておきます。社内規定により、他社に移った社員を呼び戻すことはできませんが、それ以外ならできるだけ力になるようにしています。

考えの合わない人を「敵」と見なすのではなく、みんなで話し合いながら一体になって動く。そうした寛容の精神が、日本の国をよくすると思っています。

じつは私もキヤノンに入社したばかりの頃、よく上司や先輩から「三年間は黙って言うことを聞いてくれ。そうすればどこへ行っても通用するようにしてやる。もし、よその会社に行きたいなら紹介状だって書いてやる」と言われていました。

私のために、ＭＩＴ（マサチューセッツ工科大学）のテキストを使って、始業前に一時間ほど勉強を教えてくれた上司もいました。自宅まで私を連れ帰り、機械設計などを熱心に教えてくれた先輩もいました。これらがあるから、いまの自分があるとも言えます。

結果はどうあれ、若い頃に多くを学ばせることは大事で、この経験も若手を登用し、さまざまな経験をさせたい気持ちにつながっていると思います。

意識改革は幹部から

このように若手の抜擢は重要です。しかし若手を育てるだけでは、じつは社内は変わりません。もう一つ重要なのが、幹部クラスの意識改革です。意識改革という点では、若手よりまず幹部クラスから始める場合があります。

どんなに部下がいい提案をしても、上司にやる気がなければ「そんなつまらない話は持ってくるな」で終わってしまいます。幹部クラスを先に変えておけば、部下の新しい提案に「お前もやっと気づいたか。俺は昔からやっているぞ」などと、前向きな姿勢になります。これなら部下もやる気が出て、さらにいい提案を出そうとなります。

過去には若手から意識改革を始めたこともありますが、上司の理解がないとうまく行きませんでした。上司の意識改革ができていれば、部下が変わってきたとき、すぐに気づき褒めることができます。

キヤノン電子では管理職が集まる幹部会を月に一度、一時間ほど行っています。このとき私の考えを伝え、つねなる意識改革を求めるようにしています。

レポート提出で部下を知る

キヤノン電子の課長以上は二週間に一度は、私宛てにレポート提出することを義務づけています。私は朝六時に出社するので、それから八時までの二時間を、レポートを読む時間にあてています。

レポートには現在の仕事の課題や達成度、結果、今後の課題などを書きます。読んで疑問点や不満点、評価する点などがあれば、それを赤鉛筆で書き込んで本人に返却します。緊急を要する場合は電話し、よく書けているときは「よくできている」と書いて返すこともあります。

レポートからは仕事の進捗状況はもちろん、同時に書いた人の個性や能力もわかります。たとえば「〜だろう」「〜のようです」と他人事のような文章には、必ずチェックを入れます。会議でも「〜だろう」といった発言を認めないように、レポートでもこうした文章は御法度にしています。

またレポートの添削により、書いた人の考えも整理できます。最初は何を言いたいのかがわからない文章だった人も、赤鉛筆のコメントを見ることで、どこが問題かがわかってきます。

読み手にわかりにくい文章を書く人は、文章力というよりも自分の頭の中が整理されていないのです。わからないまま書いた文章が、相手に伝わるわけがありません。赤字を見ることで、この報告のどこが不足しているか、どこをもっと詳しく調べればいいかといったことが整理されていきます。

「レポート提出→添削」という作業を続けて行うことで、役員なら三カ月、管理職なら六カ月もすれば、かなりわかりやすい文章が書けるようになります。

相手にわかるように伝えるのは、管理職に欠かせない能力でもあります。管理職は私だけでなく、部下にも自分の考えをわかりやすく伝える能力が必要です。半年経っても一年経っても質の高いレポートが書けない人は、管理職に適していない場合も多く、人事の見直しにもなります。

よく書けているレポートは社内で回覧することもあります。レポートはどのように書けばいいのか勉強になると同時に、書いた人の能力もわかります。これだけのレポートを書く人ならこの役職に就くのは当然となり、人事の公平性を伝えることにもなります。

一般社員も、チームを作って新しいプロジェクトを始めるときは、チームのチーフにもレポートを提出させます。プロジェクトの進め方、部下が必要なのか不要なのか、予算も含め、希望や疑問点などを書きます。

チーフにレポートを提出させるのは、本人の能力を知ると同時に上司の仕事ぶりをチェックする意味もあります。レポートの内容が意味不明なら、それは上司の指導に問題があります。

上司の指示が曖昧で、現場を任されたチーフが混乱している。そんな様子が見てとれるレポートの場合は上司を社長室に呼び、「全然下に伝わっていないじゃないか。最近たるんでるんじゃないのか」などと活を入れることにもなります。

読書感想文で社員の得手不得手を知る

一般社員にレポートを書かせ、人事の参考にすることもあります。本を読ませ、その感想を書かせるというものです。私がこれまでに書いた著書も含まれており、まずは入社時に何冊か読ませ、感想をレポート提出させます。

なかには工業高校出身で「感想文なんて書いたことがない」と渋る人もいますが、いざ書いてみるとなかなかうまく、「彼は優秀だから、きちんと面倒見るように」と上司に伝えることもあります。

ときにレポートの内容と配属先に、違和感を覚えることがあります。そんなときは上司を呼び、「彼はこの課に向いていないんじゃないの？」と尋ねます。「私も向いていないと思います」という返事になることもあり、「それならもっと早く言いなさい！」と叱って配属先を見直すことにもなります。

なかには異動したとたん、優れた能力を発揮する人もいます。開発部門時代は目立たなかったけれど、品質評価の仕事で大いに能力を発揮している社員もいます。

まったくのゼロから始める開発部門では、創造力が求められます。一方、品質評価の仕事はすでにあるものとの比較です。一口に優秀といっても、得手不得手があります。その社員のレポート内容は創造力よりも批評性を感じるもので、品質評価の部門に異動することで才能を開花させることができたのです。

また私は、「これは」と思った新刊を社員の皆に勧めることもします。「これを読んで反省しなさい」などと言って感想文を書かせることもあります。

感想文がいいのは、そこから書いた人の思想がわかることです。たとえば私の著書には、私の仕事や会社に対する考え方が詰まっています。その本を読んで何を感じたか、どう理解したか。どのような角度から読んだか。私の言いたいことにピンと来た人もいれば、とんちんかんな感想を書く人もいます。

そこから本人がどんな部署に向いているかも見えてきます。他人の本でも、自分が感動したり、勧めたいと思った本であれば、やはりそれをどう理解したかで、人となりがわかります。

また、直接口にしにくいことも、感想文という形なら伝えやすいという側面もあるのです。

シェイクスピア流・人の育て方

一方で、私はキヤノン電子で能動的な社員を作るために、さまざまな働きかけを行ってきました。私が「こうすべき」と思うことも自分からは言わず、さまざまなヒントを与えることで社員から言いだすのを待ちました。

いざ試してダメだったときも頭ごなしに叱らず、何度もチャレンジさせて、うまく行ったところで褒めます。これを繰り返すことで、言われなくても進んで行動する能動的な人間が育つのです。

このやり方を私が学んだのは、キヤノン時代にスコットランドの工場を任されたときです。そのときに現地の本や雑誌もずいぶん読みました。その中で出会ったのが、ある雑誌記者に質問されたときのシェイクスピアの答えです。

「あなたのような素晴らしい戯曲を書ける作家を育てるには、どうすればいいですか」という問いに、「それは簡単です」と言って、シェイクスピアは次のように答えたのです。

まずは、どういう分野の戯曲を書くか決める。そして、その分野に関するよい経験をたくさん積ませる。最初の挑戦では失敗させない。失敗すると感受性の強い人ほど、やる気を失ってしまうから、少しずつ挑戦させ、三回も成功すれば、誰でも自信を持つようになる。あとは難しいことにどんどん挑戦させても大丈夫。よい経験をさせることが、よい結果になるというのです。

これは劇作家に限らずどこにでも通じる話だと思い、私も次のようなやり方を試してみることにしました。

たとえ優秀な人でも、最初は簡単なことをやらせる。できたら「さすが、すごいじゃないか。やはり一流大学を出た人は違うね」と褒め、これを二回行う。次は少し難しいことをさせ、三回目も成功させる。

これで完全に自信をつけます。すると以後は失敗しても、くじけません。実際に試してみて、シェイクスピアの言葉は正しかったと納得しました。

自ら「やってみせる」

連合艦隊司令長官だった山本五十六の言葉に「やってみせ　言って聞かせて　させてみて　ほめてやらねば　人は動かじ」というものがあります。これもまた組織の性質をうまく言い当てています。

「させてみせ」以降はシェイクスピアと同じですが、もう一つ重要なのが「やってみせ」です。上司やリーダーが自ら行わなければ、下の者も進んで動こうとはなりません。

これは国籍を問いません。キヤノン時代、ドイツの工場に出張したときです。私はドイツ語が挨拶程度しかできず、ほとんどをボディランゲージですませました。このとき必ず行っていたのが、まずは彼らの前で「やってみせ」です。

生産ラインがストップしたときも、まずは私が直してみせます。すると、「この日本人は何でもできるぞ！」となり、私の言うことに耳を傾けてくれます。

また、私がキヤノン時代から現在に至るまで一貫して続けているのは、誰よりも早く会社に来ることです。毎朝六時には出社し、最近はコロナ禍でもう少し早く帰ることもありますが、夜七～八時頃に退社します。誰よりも早く来れば、部下の仕事ぶりも把握できます。

出社時の顔色や様子から、心身の調子も把握しやすくなります。自分の仕事に加え、部下のフォローもできるように準備していました。部下が躓いたとき、「やってみせ」ができるわけです。

これだけやるには、部下の三、四倍は働く必要があります。そこには自己犠牲の精神もあります。上に立つからには、部下の仕事と生活を守る義務があります。それには上に行くほど、自分よりも会社を優先させる必要があります。朝一番に出社し、部下の三、四倍働くことで「上司たるものかくあるべし」を「やってみせ」ていたのです。

教育の指針は『論語』

私の考え方や行動に大きな影響を与えているのは『論語』です。これは子供の頃、母に教え込まれたものです。家ではいつも素読をさせられ、間違えると長尺のものさしでピシンと頭を叩かれました。

母から『論語』を叩き込まれ、そらんじて言えるほどになると、生き方の指針が自然に『論語』になります。また、『論語』以外で、とくに私が好きな言葉が「情けは人の為ならず」です。何かあるたび、すぐにこの言葉が出てきます。

「情けをかけるのは、人の為ではない。人の為と思ってやったことも、回り回って最後は自分のためになる」。世の中は確かにそのとおりです。

三章でも触れたビル・キャンベル氏は、次世代型タブレットPCの開発などを一緒に行った間柄で、私がキヤノン電子の社長就任を受けるかどうか迷っていたときは、すぐに日本まで駆けつけ、相談に乗ってくれました。アメリカで発売した製品が不調だったとき、メール一つで頼みを聞いてくれました。彼が亡くなったとき遺言に従って寄付をしたのは、そうした関係があったからです。

また私は他社の工場などのコンサルティングを無償で引き受けることがありますが、これは私が若い頃、他社の社員からいろいろなことを教えてもらったからです。当時は「日本の製造業をみんなで伸ばしていこう」という気運が強く、他社の人間でも教えを請えば惜しみなく技術を教えてくれました。

その恩返しをしたいと思うからで、日本の製造業の発展を思う身からすれば、これも

「情けは人の為ならず」です。

開発のヒントにもなる「温故知新」

「温故知新」も私がよく使う言葉です。世の中を変えるような革新的な商品であっても、多くは過去の技術の組み合わせでできています。スティーブ・ジョブズ氏が開発したNeXTコンピュータは、先に述べたように、私がキヤノン時代に開発に加わった「NAVI」の技術を生かし、発展させたものです。

iPhoneにも、NAVIから着想を得た部分があります。ホームボタンもその一つで、どの画面を開いていてもホームボタンを押せば初期画面に戻ります。これはNAVIにあった「戻るボタン」から来たものです。

当時のパソコンは暴走すると一般ユーザーの手には負えず、元に戻すには専門家を呼ぶしかありませんでした。そこでNAVIには「戻るボタン」を付け、誰でも簡単に元に戻せるようにしたのです。どんな画面からでもホーム画面に戻れるiPhoneのホームボタンは、まさに「戻るボタン」の発想です。

新しいものを作るとき、まずは過去に同じようなものがないかを探せば、向かうべき方向が見えてきます。たとえば一点を通る線は、無限にあります。しかし二つの点を通る線となると、一本しかありません。過去の点と現在の点を結べば、その延長線上に未来があるわけです。

だから私は若い頃、よく特許庁に行って過去の特許をいろいろ眺めていました。古い技術を丹念に探す中で、当時の技術レベルや市場環境ではできなかったものが、いまの技術や市場環境なら可能ということもあります。

生産設計の専門雑誌類も、三〇年前まで遡って読むようにしていました。生産技術の基本的な考え方は、およそ三〇年周期で元に戻るからです。工場の現場を見ても、セル生産から始まり、ベルトコンベアから全自動になり、またセル生産に戻ります。このワンサイクルが三〇年で、三〇年前の論文などを読んで勉強しておけば、次世代の生産技術の動きが見えてくるのです。

「家で勉強するな」「メモを取るな」と教えた母

また、もう一つ私が大事にしている言葉が「かけた情けは水に流せ、受けた恩は石に刻め」です。

信州上田の前山寺の参道にある石碑に刻まれた言葉で、自分が誰かにかけた情けはきれいさっぱり水に流し、人から受けた恩は石に刻み込むように生涯、自分の心に深く刻めという意味です。

「あんなに面倒を見てやったのに、何の恩返しもない」「恩を仇で返された」などと考えるのではなく、与えた時点で忘れてしまう。人に何かしてあげるときは、絶対に見返りを求めないのがよいでしょう。

さもないと、いつまでも恩を着せることになり、相手に何かを期待するようになります。それは人として美しい生き方ではありません。そんなことをグチれば、それを聞いた人たちも「あの人は恩着せがましい人」と離れていきます。

一方、恩を受けた人に会ったときは、「その節は本当にお世話になりました」と心を込めてお礼を言う。そうすれば、見ていた周りの人から「あの人は義理堅い」と評判がたち、協力者が現れやすくなります。

お世話してくれた人も、「彼は義理堅いから大事にしなさい」と周囲に言ってくれるでしょう。結局は自分のためになるのです。

「情けは人の為ならず」「かけた恩は水に流せ、受けた恩は石に刻め」に始まり、仕事で成果を出すには、しっかりした人間性を持っていることが重要です。何でも自分中心に考え、自分が得することしか考えない人は周囲の協力を得られず、結局たいしたことはできません。

その意味で『論語』を私に叩き込んでくれた母には、大いに感謝しています。「情けは人の為ならず」は母からよく言われた言葉でもあり、母自身それを実践していました。

私がまだ小学校に入る前、終戦直後の頃、家にはよくホームレスがやって来ていました。よその家がすぐに追い払うのに対し、母は彼らを家に招き入れて食事を出したり、風呂に入れて着物や下着を渡したりしていました。

送り出すときも「これを食べなさい」とおにぎりを渡し、行き先を尋ねてそこに知り合いがいれば、「困ったら頼りなさい」と連絡先を教えていました。そして私に「人に援助したり助けたりすることは、人のためじゃなく、いずれあんたのためになるんだからね」と言っていました。

そんな母からは『論語』以外にも、さまざまなことを学びました。とくに覚えているのが、私が家で勉強しようとすると、「家に帰ってまで勉強するんじゃない」と叱られたことです。「うちは農家なんだから、家に帰ったら手伝いなさい」というわけです。『論語』の素読も雨が降ったときだけで、ふだんは農作業の手伝いでした。

母は女子師範学校出身で、本当は大学に行きたかったようです。だから『論語』を全部そらんじられるぐらいの教養はありました。家で勉強するなというのも、「それぐらい集中して授業を聞け」と言いたかったのかもしれません。

もう一つ、よく言われたのが「メモを取るな」です。だから私はいまだに人の話を聞くときにメモをほとんど取りません。「酒巻さんって、いつもメモを取りませんね。よく覚えていますね」とお世辞半分に言われたりもしますが、じつは取っています。ただし聞いているときは基本的に取らず、二日後ぐらいに思いだしたことをメモに書くのです。

書いた内容の大半は一カ月もすれば忘れていますが、中に一つか二つ覚えていることもあります。それこそが覚えておくべき大事なことで、だからそれを忘れないように書き留めておきます。

これも母から教わったことで、脳が自然に選別し、余分なものは削ぎ落としてくれるのです。

相手の立場に立てれば相手の困っていることに気づく

「相手の立場に立って考えよ」とは人間関係においてよく言われる言葉ですが、これができる人は、仕事ができる人でもあります。

キヤノンがまだ貧しかった頃、アメリカ出張では、よく夜行列車を利用して西海岸から東海岸へ移動しました。到着は早朝で、始業まで時間があるので、よく現地の本や雑誌を読んでいました。このとき印象に残ったのが、自動車王ヘンリー・フォードへのインタビューで、記者から成功の秘訣を聞かれ「相手の立場に立って考える習慣をつけること」と答えていました。

それができれば、相手が困っていることがわかる。自動車でも、利用者が困っているところ、問題点にすぐ気づくから、相手の立場に立てるようになることが、一番大事というわけです。

逆に自分の都合でものを考えるようではダメで、自分の立場で人のことを考えるのは最悪とも語っていました。

これを読んだとき、成功の秘密はこんなに簡単なのかと驚きました。要は相手を理解し、相手の喜びそうなことをやればいいのです。それができる人を見極め抜擢すれば、会社もうまく回ります。

もっとも相手の立場に立っているように見えて、じつは自分の立場をよく思わせたいだけの人もいて、両者の区別はなかなか困難です。このことに私は、七〇歳になって気づきました。

キヤノン電子でOBたちを招いて、食事会を開いたときのことです。早朝から人事部の若手たちが準備し、OBたちを懸命にもてなしました。会はつつがなく進み、帰り際にお土産を渡そうとすると、ある役員が出てきて、すべて自分で手渡したのです。

お土産を渡すのは、もてなす側にとってのクライマックスです。お土産を渡して「お前も頑張っているな」と労ってもらうことで、その日一日が報われた気になります。それを現場で頑張った若手たちをさしおき、一番おいしいところを持っていく。

それまで彼を「相手の立場に立てる人」と思っていただけに、その行動に驚きました。もっと本質を見なければならないと、自分の不明を恥じました。

優しい人は、よい設計ができる人

相手の立場に立って考えられる人は、優しい人でもあります。こういう人は、設計でもよい設計をします。相手が困っていることを理解して、使いやすいものを作りだせるからです。

二本糸を使って縫う現在のミシンを考えたのは、のちに多くの発明をしたことで知られるウォルター・ハントです。これは、大家族を支えるため織物工場で働く弟や針子さんたちの作業を楽にしてあげたいという気持ちから生まれたものと言われています。このように困っていることを解決してあげたいという相手を思う気持ちから、世紀の発明をする事例がたくさんあります。

かつてキヤノンが発売した小型カメラが、欧米で大ヒットしたことがあります。この商品は日本ではそこそこの売上だったのに対し、なぜ欧米だけ大ヒットしたかというと、理由はシャッターボタンの大きさにありました。

小型カメラが人気の時代で、競合他社はボディの小型化を追求するあまり、シャッターボタンまで小さくしていました。これだと欧米人の大きい指では、押しにくくなってしまうのです。一方キヤノンの小型カメラは、シャッターボタンだけは大きいままで残しました。これが欧米人に喜ばれたのです。

当時このカメラは、「欧米人の心理をよく理解したカメラである」と現地のメディアから大絶賛されました。使う人のことを考えて作った〝優しいカメラ〟の勝利です。

部下や上司の立場から考える

人の立場に立って考えるのは、管理職としての能力を磨くことにもなります。キヤノン電子では一月初めに、幹部たちに今年の部門方針を提出させます。

その中には積極性が欠けていたり、たんに自分の抱負を語るだけで、部門方針になっていないものもあります。そんなときは翌日に、修正したものを提出させますが、このとき言うのが「部下や上司の立場から見てみろ」ということです。

たとえば私が課長だったとして、部門方針を作成したらこれを平社員が見てどうかを考える。平社員の立場でこの方針で内容が理解でき、ちゃんと動けるか。そこで問題があれば、平社員でもわかる内容に書き直します。

それができれば、次に部長の立場で見ます。部長が課長の方針を理解して、安心して任せられる内容になっているか。両方の立場から見て大丈夫と思えば、持ってくるように伝えています。

平社員も部長も納得できるものが作成できるようになれば、将来部長になったとき、あるいは社長になったときも通用します。同じパターンで見る習慣がつけば、どの立場でも周囲が納得する方針を打ち立てられるようになります。

もう一つ管理職が気をつけるべきは、管理職に求められる仕事にはリーダーシップとマネジメントがあるということです。リーダーシップは目標を明確にし、それを達成するための方針を掲げ、自ら先頭に立って部下を率いることです。

一方、マネジメントは管理であり、いわば課長なり部長なりの権威と権力によって部下をまとめることです。管理職という言葉から、管理さえすればいいと思っている人もいますが、そうではありません。

いまの時代にとくに必要なのはリーダーシップで、これを発揮できるのは自分の考えを持っている人です。そのためには自分の意見を持っていながら、下の意見も聞いてどんどん進めていく必要があります。

上司に明確な目標があるからこそ、部下を導き育てることも、成果を上げることもできるのです。

〈著者略歴〉

酒巻　久（さかまき　ひさし）

キヤノン電子株式会社社長。

1940年栃木県生まれ。67年キヤノン株式会社入社、研究開発部門に配属。VTRの基礎研究、複写機開発、ファックス開発、ワープロ開発、PC開発に従事。89年取締役システム事業部長 兼 ソフトウエア事業推進本部長、総合企画、環境保証なども担当後、96年常務取締役生産本部長。99年3月よりキヤノン電子株式会社社長に就任、現在に至る。

著書に『キヤノンの仕事術』（祥伝社）、『「会社のアカスリ」で利益10倍！』『見抜く力』（以上、朝日新聞出版）、『60歳から会社に残れる人、残ってほしい人』（幻冬舎）等がある。

仕事の哲学
働く人が自ら考え、行動する会社とは

2020年9月3日　第1版第1刷発行

著　者　酒巻　久
発行者　後藤淳一
発行所　株式会社ＰＨＰ研究所
東京本部　〒135-8137　江東区豊洲5-6-52
出版開発部　☎03-3520-9618（編集）
普及部　☎03-3520-9630（販売）
京都本部　〒601-8411　京都市南区西九条北ノ内町11
PHP INTERFACE　https://www.php.co.jp/

組　版　朝日メディアインターナショナル株式会社
印刷所　大日本印刷株式会社
製本所　東京美術紙工協業組合

 ISBN978-4-569-84740-5